Pascal Perrineau

# Le grand écart

*Chronique d'une démocratie fragmentée*

PLON
www.plon.fr

12, avenue d'Italie
75013 Paris
Tél. : 01 44 16 09 00
Fax : 01 44 16 09 01
www.plon.fr
www.lisez.com

Mise en pages : Nord Compo
Dépôt légal : novembre 2019
ISBN : 978-2-259-27912-3

*Pour Caroline P.*

# Introduction

Au cours des trois dernières années, la France politique a changé : les vieux partis ont presque disparu, le clivage entre la gauche et la droite s'est étiolé, de nouvelles forces et organisations ont émergé. Un président est arrivé au pouvoir sans l'appui des rouages partisans et institutionnels traditionnels, mais en créant un tout nouveau mouvement, En Marche !, devenu depuis La République en marche (LaREM). Du jamais vu sous la V^e^ République. Une véritable disruption politique.

Ces bouleversements étaient en gestation de longue date. Déjà, en 1992, lors du référendum sur le traité de Maastricht, était apparu un nouveau clivage politique articulé autour d'un « non », rassemblant les forces qui croyaient dans les solutions du repli national, et d'un « oui », faisant confiance à l'ouverture politique et économique du pays. Ce premier ébranlement du système politique organisé jusque-là selon un ordre bipolaire structuré par la division entre la gauche et la droite eut plusieurs répliques : le second tour de l'élection présidentielle de 2002, qui vit l'éviction de la gauche ; le référendum sur le traité constitutionnel européen de 2005, qui réaffirma la force du clivage entre les tenants d'une société ouverte et les défenseurs d'une société fermée à l'Europe et plus largement à la mondialisation ; enfin, l'élection présidentielle de 2017, où la destruction du système ancien parut atteindre son point d'orgue avec l'élimination des candidats de la gauche et de la droite de gouvernement au second tour.

Les années suivantes virent l'attrait pour le nouveau pouvoir mis en place par la victoire d'Emmanuel Macron s'éroder rapidement et les mécanismes de la démocratie représentative être contestés, dès la fin de l'année 2018, par un mouvement social d'un nouveau type : les Gilets jaunes. Celui-ci exprime avec virulence son hostilité non seulement vis-à-vis de la représentation politique incarnée par le président de la République, le gouvernement et les députés LaREM, mais aussi envers le principe même de démocratie représentative. Presque un an après sa naissance, le mouvement continue de refuser tout leadership et toute forme d'organisation structurée et pérenne. Il défend une démocratie directe radicale où les manifestations, les assemblées générales et l'occupation des ronds-points sont les vecteurs d'expression de la souveraineté populaire considérée comme la seule légitime. Le choc de légitimité entre une démocratie dont l'ancrage résulte du choix des urnes opéré par les Français lors des élections présidentielle et législatives de 2017, et une démocratie directe qui opère et s'exprime dans une suite continue d'actes manifestants mobilisant une minorité de citoyens mais comptant sur le soutien majoritaire de l'opinion, rend très difficile la réponse du pouvoir. Pour les Gilets jaunes, la disqualification de l'équipe macronienne est totale et les propositions comme les réponses de celle-ci sont contrecarrées d'avance et restent inaudibles.

La tension entre démocratie directe et démocratie représentative n'est pas nouvelle. Elle est d'une certaine façon aussi ancienne que l'avènement de la démocratie. Elle renvoie à une difficulté intrinsèque, au cœur même de ses principes et de ses fondements. Lors de la Révolution française et du moment jacobin, le tout jeune gouvernement représentatif, à peine élu, a été à plusieurs reprises contesté au nom de la souveraineté du peuple, considérée trahie et empêchée de s'exprimer. Par la suite, différents modes de résolution de cette tension entre les deux registres de la démocratie ont été expérimentés, cherchant à définir la place de l'expression directe de la souveraineté populaire, soit par la voie référendaire soit par la voie révolutionnaire. Les deux Empires et la République gaullienne ont par exemple connu plusieurs référendums. Mais la France a aussi compté nombre de grandes révoltes (1830, 1848, Commune de Paris, 1968...) et plusieurs mouvements sociaux d'ampleur dans son histoire récente. La révolte des Gilets jaunes s'inscrit dans cette lignée et repose la question de la place de la démocratie directe manifestante dans un régime de démocratie représentative. Imaginé dans la foulée par Emmanuel Macron et le gouvernement, le « grand débat national » est de ce point de vue une expérience inédite visant à compléter la parole brute du peuple manifestant par celle du peuple délibérant. Cela afin de ressourcer la démocratie représentative par la prise en compte des avis et des diagnostics portés directement par la population. Le pari fut en partie réussi, mais aussi contesté.

Ainsi, dans l'année politique qui vient de s'écouler, a-t-on vu trois registres de la démocratie opérer et tenter de dialoguer : la démocratie directe des Gilets jaunes, la démocratie participative du grand débat national et la démocratie représentative issue des urnes lors des élections européennes. La conjonction de ces trois moments politiques n'est pas si fréquente. La possibilité de les considérer ensemble, dans leur résonance comme dans leur dissonance, permet de prendre la mesure de l'état de santé démocratique du pays. Et c'est incontestablement le portrait d'une France politique changée, troublée, en certains points fracturée, dans un contexte de défiance politique majeure entre gouvernants et gouvernés, entre responsables politiques et citoyens, qui s'impose. La disruption politique intervenue en 2017 a beaucoup contribué à délégitimer la représentation politique ancienne sans parvenir à la renouveler vraiment. Cet échec a ouvert la voie à l'expression radicale de la contestation des Gilets jaunes et au mécontentement des Français qui s'est aussi assez largement exprimé dans le vote européen.

Dans ce livre, je cherche à préciser le diagnostic de cette disruption politique grâce à mon regard à la fois de spécialiste et analyste du système politique français depuis quarante ans et – c'est plus nouveau – de garant du grand débat national que le nouveau pouvoir a mis en place à la fin de 2018. Pendant trois mois, de janvier à mars 2019, j'eus en effet le privilège d'entendre la parole de nombreux Français qui s'en sont emparés. Je m'appuie donc sur ce matériau rare, car collecté à très grande échelle, que fut le grand débat national, mais aussi sur ce qui a pu sortir des doléances des Gilets jaunes.

Le discours même des Français, leurs récits d'expérience, leurs préoccupations comme leurs revendications permettent de dresser le constat, outre de l'état social et politique de la société française, d'une démocratie fragmentée. Après avoir rappelé les prémices et la genèse de la disruption politique ayant pu opérer, j'examinerai la façon dont les trois modes d'expression que sont la démocratie directe (principe de participation directe des citoyens sans médiation des institutions), la démocratie délibérative (principe de pluralité des opinions et de recherche du consensus) et la démocratie représentative (principe de la représentation politique et de la désignation des élus) ont pu se dissocier, voire se désarticuler. Tout laisse penser en effet que leur complémentarité consubstantielle au projet démocratique se fait de façon plus conflictuelle et fragmentée aujourd'hui que dans un passé encore récent. Ce grand écart démocratique est-il le résultat d'une crise politique conjoncturelle plus que structurelle ? Ou bien est-ce l'amorce de reconfigurations durables du modèle démocratique, en France et au-delà ?

# 1

# Une disruption politique annoncée de longue date

La disruption envoie ses premiers signaux dans la décennie 80. La V^e^ République avait installé jusque-là le phénomène majoritaire et la bipolarisation entre une gauche unie et un bloc conservateur. 1981 en fut le point d'acmé en permettant l'alternance politique. Les institutions de la V^e^ République avaient triomphé. Mais cela sera de courte durée. De manière discrète, le phénomène majoritaire commence à connaître ses premières défaillances. Dès 1983, après l'échec d'une politique économique inspirée par le programme commun de gouvernement entre le Parti communiste français et le Parti socialiste, François Mitterrand opère le « tournant de la rigueur » qui fera peu à peu perdre à la gauche son potentiel d'alternative radicale. En 1984, les communistes décident de ne plus participer au gouvernement de la gauche unie dirigé par Laurent Fabius et, la même année, le Front national apparaît aux élections européennes de juin comme une force montante. En 1986 se met en place la première cohabitation entre la droite et la gauche, qui durera deux ans et introduira l'idée que les deux grands pôles de l'échiquier politique sont suffisamment proches pour gouverner ensemble. En 1988, la campagne présidentielle de François Mitterrand se fait sur le thème de la « France unie » en gommant toute référence partisane et en jouant l'ouverture au centre. En juin 1989, la liste écologiste conduite par Antoine Waechter rassemble 10,8 % des suffrages exprimés.

La décennie 80 voit donc de multiples signes d'ébranlement de l'ordre bipolaire, et ce mouvement va se poursuivre et s'amplifier tout au long des années 1990. En mars 1993, c'est la deuxième cohabitation, et la fin du second septennat de François Mitterrand donne l'impression d'un président qui s'émancipe de plus en plus de son enracinement à gauche. Les années 1994-1995 voient la droite se déchirer en une querelle fratricide entre Jacques Chirac et Édouard Balladur. Puis, la dissolution de l'Assemblée nationale, en 1997, débouche à nouveau sur une cohabitation, cette fois pour cinq ans. Le Front national continue quant à lui de prospérer et montre sa capacité à perturber la droite de gouvernement lors des élections régionales de 1998. Le phénomène majoritaire et la bipolarisation sont en crise, les clivages à l'intérieur de chaque camp politique s'affirment. L'ébranlement de l'élection présidentielle de 2002 avec la présence de Jean-Marie Le Pen et l'élimination de la gauche au second tour témoignent de cette lente et régulière déstructuration du système politique. Comme l'écrit Olivier Duhamel, le quadrille bipolaire (Parti communiste français et Parti socialiste associés dans une union de la gauche, Rassemblement pour la République et Union pour la démocratie française rassemblés dans une union des droites) a peu à peu cédé la place au sextuor cacophonique (PC, PS,

Écologistes, RPR, UDF, FN)[1]. Il aurait été étonnant que cette redistribution des cartes politiques n'ait pas de débouché. La résistance d'un centrisme d'opposition en 2007 (le MoDem de François Bayrou), l'épanouissement du système de primaires à gauche puis à droite, la confirmation de l'installation durable du Front national dans le paysage politique, la naissance d'une gauche de la gauche rétive à toute union de la gauche, l'effacement du Parti socialiste et la faiblesse du parti de la droite classique sont autant de symptômes de l'affaiblissement des deux grands partis de gauche et de droite, puis de leur exclusion des premiers rôles politiques. En 2017 et 2019, les deux premières forces politiques sont La République en marche et le Rassemblement national, et une nouvelle polarisation politique se dessine.

Pendant de longues décennies, le paysage politique français correspondait à une architectonie organisée autour de trois fractures : idéologique, sociale et territoriale[2]. Ces trois clivages ont même pu à certains moments se superposer presque parfaitement : une France de gauche, enracinée dans les couches populaires et les terres de l'indifférence ou de l'incroyance religieuse, s'opposait à une France de droite, insérée dans les diverses strates de la bourgeoisie et du monde paysan et localisée dans les territoires de culture catholique. Avril 1936, mai 1946, juin 1968, mai 1974 ou encore

1. Olivier Duhamel, « Et après ? Sur les conséquences politiques nationales des élections de mars 1992 », dans Philippe Habert, Pascal Perrineau, Colette Ysmal (dir.), *Le Vote éclaté. Les élections régionales et cantonales des 22 et 29 mars 1992*, Presses de Sciences-Po, 1992.

2. Voir sur ce point Pascal Perrineau, *Le Choix de Marianne. Pourquoi, pour qui votons-nous ?*, Fayard, 2012.

mai 1981 peuvent être considérés comme autant de rendez-vous électoraux où la bipolarité politique renvoyait à une bipolarité sociale qui elle-même s'inscrivait dans une bipolarité territoriale. Ces vieux clivages politiques, sociaux et territoriaux marquent encore de leur empreinte les orientations et les choix politiques des Français. En 2012, lors de l'élection présidentielle, on vit resurgir au second tour un classique affrontement entre la gauche et la droite. Derrière celui-ci, subsistaient bien, certes de manière imparfaite, un clivage de classes et une géographie des votes qui donnaient à l'affrontement entre François Hollande et Nicolas Sarkozy sa cohérence.

Les vieux clivages font bien de la résistance, mais ils ne constituent plus des repères forts à partir desquels les citoyens peuvent construire de manière claire leurs choix politiques et électoraux. Ils sont mis à mal et remplacés par des clivages plus transversaux, à l'œuvre dans de nombreux registres ou dimensions de la vie sociale, culturelle, économique et politique. Trois d'entre eux notamment permettent de comprendre les mutations décisives ayant affecté les orientations politiques des Français. Le premier résulte de la globalisation intense qui s'est ouverte à la fin des années 80 et des réactions diverses qu'elle a engendrées dans un contexte de crise économique et financière. Le deuxième s'articule au mouvement de construction de l'Europe suscitant avec le temps de plus en plus de scepticisme et d'oppositions. Enfin, le troisième plonge ses racines dans un mouvement de « révolution post-matérialiste » qui produit tout un ensemble de demandes, d'attentes et de revendications nouvelles de la part des citoyens.

## *Une disruption politique annoncée de longue date*

Le clivage lié à la globalisation est apparu avec toute sa force dans les sociétés européennes à partir de 1989 quand l'ouverture des pays de l'Est, la montée en puissance des pays émergents et de la Chine, puis les grandes crises économiques et financières ont rendu visibles les nouveaux acteurs d'une « société-monde ». Celle-ci a suscité des réactions diverses dans tous les électorats et a mis en scène une forte opposition entre des citoyens croyant dans les vertus d'une « société ouverte » et ceux étant séduits davantage par une société recentrée sur la vieille nation[1].

Le clivage européen ne date pas d'hier ; il était présent déjà dans les années 50 autour de la question controversée de la construction d'un marché commun réclamée par les élites économiques et politiques. Mais, à la fin des années 70, d'une affaire d'élites, l'Europe est devenue l'affaire des peuples, et c'est alors qu'un véritable clivage s'est mis en place au cœur de l'électorat entre pro et antieuropéens.

Enfin, le clivage culturel est le fruit d'un long et lent travail d'évolution et de libéralisation des systèmes de valeurs, engagé dans la mouvance d'après mai 1968 et prolongé, depuis, autour de la question du « libéralisme culturel » et des enjeux de permissivité qui lui sont associés[2].

---

1. Dans l'ouvrage dirigé par Pierre Rosanvallon, *France : les révolutions invisibles* (Calmann-Lévy, 1998), voilà plus de vingt ans, je mettais au jour les logiques sociales et territoriales qui organisaient la mise en place d'un nouveau clivage politique entre société ouverte et société fermée. La première expression électorale de ce clivage fut le référendum de 1992 sur l'approbation du traité de Maastricht.

2. Gérard Grunberg, Étienne Schweisguth, « Libéralisme culturel et libéralisme économique », *in* Cevipof, *L'Électeur français en questions*, Presses de la Fondation nationale des sciences politiques, 1990.

Ces trois nouveaux clivages ne s'articulent pas nécessairement aux vieux clivages traditionnels, ils peuvent même les remettre en cause. Ils bousculent les équilibres politiques classiques, introduisent des contradictions et des non-dits qui ne contribuent pas à la clarté du débat politique.

## Le clivage de la globalisation économique

La réalité de la globalisation économique taraude les univers de gauche et de droite, et oppose les électeurs entre eux sur des enjeux pluriels liés aux effets de la crise économique et financière, ou encore, plus largement, à l'appréciation de la mondialisation. Ces enjeux suscitent des réactions diversifiées à la fois au sein des électorats de la gauche et de la droite. Droite souverainiste et droite ouverte s'opposent avec vigueur, gauche du repli hexagonal et gauche de l'ouverture s'affrontent. Les électorats qui rejettent le plus le processus de mondialisation sont ceux de l'extrême gauche, du parti communiste, de La France insoumise, de la droite souverainiste et du Rassemblement national. Le vieil antagonisme entre gauche et droite a volé en éclats, et la dénonciation des effets de la globalisation rassemble des forces politiques et des citoyens que la seule filiation idéologique devrait opposer.

### *La crise économique et financière, et ses effets*

La crise économique et financière qui a éclaté à l'été 2008 est la crise la plus importante que le capitalisme ait connue depuis celle de 1929. Les effets politiques de cette dernière, on le sait, furent délétères : Hitler arriva au pouvoir en 1933, une vague autoritaire s'étendit sur l'Europe et la démocratie libérale fut ébranlée. Quatre-vingt-dix ans plus tard, 1929 reste un cadre de référence pour penser les effets politiques de la crise économique et sociale actuelle. En tout cas, en France. Michaël Fœssel, dans un livre consacré à 1938 et aux années présentes, prévient : « On n'en a pas fini avec les années trente[1]. » Il s'inquiète d'une démocratie qui, à quatre-vingts ans de distance, se délite sous les coups des atteintes à l'État de droit, à l'État social et à l'accueil des étrangers. C'est, selon lui, cette démocratie française affaiblie qui est attirée par l'autoritarisme au nom même de la résistance audit totalitarisme. Le 12 novembre 2018, le président de la République avertit : « Il y a une forme de totalitarisme contemporain qui renaît. » Si des points de comparaison sont justifiés, au regard de la France des années 30, la situation politique est en plusieurs points différente. Tout d'abord, concernant les forces politiques elles-mêmes. À l'époque, les partis extrêmes, du Parti communiste français aux ligues fascisantes, comptaient presque un million d'adhérents. Dans la période actuelle, la crise n'a déclenché aucune dynamique militante. Concernant le

1. Michaël Fœssel, *Récidive 1938*, PUF, 2019.

nombre de leurs adhérents, les formations extrémistes restent très faibles : le Rassemblement national compte seulement quelques dizaines de milliers d'adhérents ; quant à la gauche de la gauche, elle ne fait pas particulièrement recette. Bien qu'active dans l'animation de certains mouvements sociaux, elle est loin d'avoir les moyens de son Grand Soir. La situation dans les urnes est plus contrastée. La crise de 1929 avait nourri en son sein une poussée électorale des extrémismes en France et ailleurs. Aujourd'hui, si l'on prend comme référence les élections européennes de mai 2019, la gauche de la gauche rassemble 9,6 % des électeurs et l'extrême droite 23,3 %. Les forces extrêmes représentent un capital d'environ 33 % des voix, elles en représentaient en 2004 18,7 %. De façon évidente, les forces extrémistes ont profité directement de la crise et ont progressé de plus de 14 points. Néanmoins, si l'arc de forces démocratiques est malmené, il ne semble pas encore craquer. Les effets dissolvants de la crise font leur œuvre, mais le système politique représentatif résiste.

Quant aux mobilisations dans la rue, dans les années 30, nombre de manifestations, à l'initiative de l'extrême gauche ou de l'extrême droite, dégénéraient. Les morts se comptaient par dizaines, les blessés par milliers. La violence politique était revendiquée. Le secrétaire général du PCF, Maurice Thorez, expliquait en 1931 que « les barricades portent la lutte de classe à son niveau le plus élevé ». L'extrême droite n'était pas en reste sur le terrain de la glorification de la violence, et Charles Maurras énonçait doctement que la « violence tend à fonder la sécurité intérieure de [sa] patrie ».

Aujourd'hui, la violence politique de rue se porte bien ; certains militants de la gauche radicale (zadistes, black blocs, altermondialistes) et de la droite ultra (Génération identitaire) ont réhabilité une certaine violence manifestante. Mais elle n'est rien en comparaison. Ce qui ne veut pas dire qu'elle doive être ignorée dans la nouvelle donne qui ébranle le système politique et redéfinit les rapports de force.

La crise actuelle a des effets perturbateurs et tend à ouvrir des espaces au processus de radicalisation politique. Certes, nous sommes loin du scénario de 1929 et des années qui suivirent. Mais aujourd'hui la France a un potentiel protestataire non négligeable : 55 % des Français sont prêts à « participer à une manifestation pour défendre [leurs] idées[1] ». Depuis dix ans, cette proportion évolue entre 50 et 66 % de la population ; 42 % des mêmes Français pensent que « la manifestation est le moyen qui permet d'exercer le plus d'influence sur les décisions prises en France ». La France est l'un des seuls pays d'Europe où la manifestation est parée d'autant de vertus.

Nombre de Français ne sont pas contents du monde tel qu'il va et sont à la recherche d'alternatives. Celles-ci se font au travers d'une remise en cause des capacités du système politique national pour protéger le pays des effets pervers de la globalisation : 49 % des Français souhaitent que le « système capitaliste soit réformé en profondeur », 41 % qu'il soit réformé sur quelques points et 6 % qu'il ne soit pas réformé ; 60 % des

1. *Baromètre de confiance politique, vague 10,* Cevipof, janvier 2019.

personnes interrogées ont une mauvaise opinion de la mondialisation et seuls 23 % des personnes interrogées considèrent que « la France doit s'ouvrir davantage au monde d'aujourd'hui[1] ». Pour une majorité de Français, la mondialisation est associée à une litanie d'effets négatifs : entre 55 % et 65 % d'entre eux considèrent qu'elle a des effets négatifs sur la préservation de l'environnement, le pouvoir d'achat, l'emploi et les salaires. Cette vision place la France dans un camp ultracritique qui n'a guère d'équivalent dans d'autres pays. Déjà, en 2011, comparée à dix pays, la France arrivait en dernière position en ce qui concerne la perception positive de l'économie de marché et du capitalisme ainsi que de la place du pays dans la compétition économique mondiale[2].

### *Le Rassemblement national à l'avant-garde du combat contre la mondialisation*

Comme beaucoup de partis nationaux-populistes en Europe, le Front national, aujourd'hui Rassemblement national, s'est depuis longtemps porté à l'avant-garde de ce combat contre le « mondialisme » qualifié par Marine Le Pen d'« identicide ». Dans son discours d'investiture à la présidence du parti, en janvier 2011, elle s'exclamait : « La mondialisation identicide s'est transformée en horreur économique, en tsunami social, en Tchernobyl moral. » Pour lutter contre la « fracture identitaire et sociale » qui en résulte, elle préconise

1. *Les Français et la mondialisation*, sondage Opinionway, mars 2018.
2. *Regards croisés sur la mondialisation dans dix pays*, enquête Ifop pour *La Croix*, janvier 2011.

une société du recentrage national sur le terrain à la fois économique, social et politique. En insistant sur le critère national contre le cosmopolitisme et le multiculturalisme réel ou supposé de ses adversaires, le nationalisme ethnico-culturel tente de s'imposer comme porte-drapeau de cette protestation contre une mondialisation porteuse de tous les maux.

De son côté, si la gauche de la gauche altermondialiste partage nombre d'éléments du diagnostic, elle est gênée pour y apporter une réponse de type national. Sa culture internationaliste l'empêche d'élaborer des réponses sur le terrain d'un protectionnisme économique et social vigoureux, et la contraint à attendre la solution d'une révolte internationale contre le capitalisme mondialisé. Aux yeux de nombre de perdants de la mondialisation, la réaction nationaliste de la droite extrême semble plus convaincante que le flou d'un altermondialisme qui exigerait un bouleversement radical des règles du jeu économique. C'est ainsi que, en France comme dans nombre de pays européens, une partie de plus en plus importante des couches populaires se laisse davantage séduire par la réaction nationaliste que par la projection altermondialiste. Aux dernières élections européennes, la liste du Rassemblement national, qui a atteint 23,6 % des suffrages exprimés, rassemble 47 % des suffrages ouvriers et 32 % des suffrages employés. La liste de La France insoumise, qui se situe au niveau de 6,3 % des suffrages, n'a attiré que 11 % des votes des ouvriers et 8 % de ceux des employés[1].

1. *Européennes 2019 : profil des électeurs et clefs du scrutin*, enquête Ipsos, 26 mai 2019.

Depuis de nombreuses années, le Front national a réussi à prendre pied dans les terres de la désindustrialisation, des concentrations de populations immigrées, de la pauvreté et de la poussée du chômage (Nord, Pas-de-Calais, Lorraine, axe Saint-Étienne-Lyon). Marine Le Pen a su entamer un processus d'évolution de l'image frontiste où, tout en renforçant la figure d'un parti populaire implanté au cœur des difficultés économiques et sociales liées à la crise, elle a mis en place un vigoureux discours de protection contre la globalisation.

En France, comme dans bien d'autres pays d'Europe, l'extrême droite a compris que, si elle voulait sortir de l'enclave protestataire dans laquelle elle est souvent enfermée, il fallait qu'elle prenne pleinement en charge les inquiétudes et les attentes de protection réveillées par la crise économique et financière de l'automne 2008. Ce travail n'a pas commencé en 2008. Dès les années 80 et 90, l'extrême droite avait compris qu'il lui fallait se faire l'écho des mutations économiques majeures de nos sociétés postindustrielles. Le passage, au cours des dernières décennies, d'un capitalisme industriel d'assistance (avec son État-providence) à un capitalisme postindustriel plus individualiste s'est accompagné d'un véritable bouleversement du monde marqué par la fragmentation sociale et la désaffiliation vis-à-vis des groupes d'appartenance traditionnels (classes sociales, familles idéologiques, cultures locales), par l'individualisation des risques, la mobilité croissante et le double mouvement de diversification culturelle et ethnique à l'intérieur des sociétés. Le rejet de l'immigration et parfois la xénophobie sont devenus la réponse de l'extrême droite au défi d'un monde mobile, multiethnique et multiculturel. Un véritable chauvinisme d'État-providence (dont la principale déclinaison est, dans le langage frontiste, la « préférence nationale ») fait recette auprès des milieux populaires directement menacés par la globalisation économique. Le parti de Marine Le Pen condamnant la mondialisation néolibérale, il envisage la sortie de l'Otan, de l'Union européenne et celle de l'euro, et revendique des mesures économiques protectionnistes en appelant à une renationalisation de l'économie[1].

Dans ce retour de la nation, c'est l'État qui doit reprendre toute la place : « À l'heure où la crise et la mondialisation font rage, quand tout s'effondre, il y a encore l'État. À celui qui n'a plus rien, la Patrie est son seul bien, disait Jaurès [...]. Quand il faut réguler, protéger, innover, c'est vers l'État qu'on se tourne naturellement[2]. » C'est autour de cette thématique que Marine Le Pen cherche à arrimer au Rassemblement national des électeurs se considérant comme des victimes de ce qu'elle appelle « l'européo-mondialisme ».

1. Dans le cas de la fameuse affaire de l'usine Whirlpool d'Amiens qui a animé l'entre-deux tours de l'élection présidentielle de 2017, Marine Le Pen proposait la « mise sous protection temporaire, *via* une prise de participation de l'État », en d'autres termes une nationalisation temporaire. Il faut noter que, dans le projet présenté à l'occasion des Européennes de 2019, le Rassemblement national n'évoque plus la sortie de l'Union européenne et de l'euro, mais parle de leur réforme profonde.

2. Discours de Marine Le Pen au Congrès de Tours, 15-16 janvier 2011.

## *Une gauche anti- ou altermondialiste sur la défensive*

Sur le terrain de la récupération politique des inquiétudes suscitées par la mondialisation dans les classes populaires, la gauche est mal à l'aise. Depuis le milieu des années 80, la gauche en France et en Europe est fortement malmenée par le double processus que constitue, d'une part, la globalisation de l'économie, d'autre part, le démantèlement de l'État-providence. Comme l'a bien analysé Dominique Reynié il y a déjà quelques années, la gauche est en perte de vitesse pour trois raisons : « La globalisation, qui expose les travailleurs à des pressions économiques accrues ; l'épuisement de l'État-providence, qui réduit sensiblement les capacités productrices et réparatrices de la puissance publique ; le vieillissement, avec notamment ses effets idéologiques, telle la montée en puissance du thème de la sécurité, ou démographiques, l'immigration et ses propres conséquences[1]. »

Indépendamment de sa faiblesse face à la question de la mondialisation et des crises économiques et financières qui l'accompagnent, la gauche est confrontée, particulièrement dans les milieux populaires qui ont pendant longtemps été sa terre d'élection, à la tentation populiste. La mise en valeur d'un nationalisme social a pu être mobilisée pour attirer les électeurs issus des couches populaires. Dans de nombreux secteurs de la gauche, apparemment éloignés de tout nationalisme, certaines

1. Dominique Reynié, « La situation de la droite en Europe », *Commentaire*, n° 135, automne 2011.

idées néonationalistes se sont développées. Depuis plus de dix ans, au sein des altermondialistes, mais aussi de certains courants du Parti socialiste, en passant par La France insoumise, certains écologistes ou encore le Parti communiste français, un discours mêlant antilibéralisme viscéral, exaltation de l'État et des services publics, et nationalisme imprégné de protectionnisme a pu se diffuser. C'est ce que Léon Blum appelait déjà dans les années 30, lorsqu'il affrontait la contestation des néosocialistes, un programme « social-nationaliste ». Ce refoulé « social-nationaliste » a fait fortement retour en 2005. Dans le moment de la campagne du référendum relatif à l'approbation du traité constitutionnel européen, la gauche du « non » a cédé à un nationalisme qui s'est nourri, certes, d'une hostilité à l'économie de marché, d'un rejet de l'Union européenne, d'une foi dans les vertus de l'étatisme, mais aussi d'une certaine xénophobie agitée par les thèmes de la concurrence du « plombier polonais ». La gauche de la gauche tente aujourd'hui de résister aux progrès du populisme de droite en prolongeant le combat mené en 2005 par les thèmes de la relocalisation ou de la démondialisation développés par Jean-Luc Mélenchon. Le leader de La France insoumise considère que le libre-échange, développé dans les échanges mondiaux selon un processus remontant au début des années 1980, caractérisé par l'absence de barrières douanières et par la libre circulation des biens, des hommes et des capitaux, a conduit à un vaste mouvement de délocalisation des productions vers les pays où la main-d'œuvre est moins chère et où les normes de production sont moins contraignantes (à l'égard de l'environnement, par exemple). Mais cette gauche

« insoumise » du recentrage national ne parvient pas à capter les inquiétudes des milieux populaires, lesquels restent davantage séduits par la fusion d'un nationalisme économique et d'un nationalisme culturel proposée par Marine Le Pen et nombre de nationaux-populistes en Europe. La France insoumise réunit, pour l'instant, quatre fois moins de votes que le Rassemblement national au sein des catégories populaires.

Dans la dernière période, Emmanuel Macron a lui-même mis l'enjeu de la mondialisation au cœur de son discours. Le clivage relatif à la mondialisation est ainsi devenu l'un des clivages majeurs organisant aujourd'hui l'opposition entre les deux principales familles politiques que sont La République en marche et le Rassemblement national. Pour le président de la République, il ne s'agit pas de refuser la mondialisation : « Refuser la mondialisation est illusoire. La diaboliser est trop facile. Il faut accepter de la regarder en face : la mondialisation a déstabilisé nos sociétés[1]. » Cette déstabilisation exige de « redonner un sens à la mondialisation » afin de ne pas nourrir les forces nationalistes qui donnent à croire qu'on peut en sortir : « Même dans mon pays, si je ne redonne pas un sens à la mondialisation, si je n'arrive pas à expliquer aux gens qu'elle est bonne pour eux et qu'elle sert à traiter les problèmes du quotidien et qu'ils y ont leur place, dans cinq ans, dans dix ans, dans quinze ans, ce seront les nationalistes, les extrêmes, ceux qui proposent de sortir de ce système qui gagneront… » (discours au Forum de Davos, janvier 2018).

1. Discours du président de la République en ouverture de la session ministérielle de l'OCDE présidée par la France, 30 mai 2018.

## Le clivage européen

L'Europe est un enjeu qui traverse et brouille très fortement le clivage entre gauche et droite. La question européenne s'enracine surtout dans des oppositions de systèmes de valeurs où le degré d'attachement à l'État, à la nation, à la frontière ou encore à l'étranger, varie fortement. La question européenne a fait éclater non seulement les vieux ancrages territoriaux de la gauche et de la droite, mais aussi le foyer et la scène de l'État-nation comme seul lieu d'expression et de médiatisation des conflits politiques. Le défi européen n'a cessé d'accentuer les processus de déliaison idéologique, sociale et territoriale à l'œuvre dans la société et dans le système politique français.

### *Du consensus permissif autour de l'Europe au désamour*

Des années 50 aux années 80, l'Europe a correspondu à une aspiration profonde, assez large mais peu mobilisatrice. La construction européenne s'est ainsi développée pendant presque quarante ans dans une ambiance consensuelle propice à son affermissement. Et la France a longtemps été dans le peloton de tête de l'europhilie. Interrogés dans les années 70 par l'instrument de sondage européen qu'est l'Eurobaromètre, les Français répondaient massivement que « l'appartenance de la France à l'Union européenne est une bonne chose » : ils étaient entre 52 et 68 % à partager cette opinion tout au long des années 70. Au cours de la décennie 80 le niveau d'europhilie a encore progressé, jusqu'à atteindre le sommet de 74 % à l'automne 1987. Aux yeux des Français d'alors, la présidence de la Commission européenne par Jacques Delors (1985) et l'Acte unique européen (1986) ont redonné à l'Europe le visage d'une réalité et d'un avenir désirables. L'embellie a duré jusqu'au début des années 90.

En 1992, la fracture du débat autour du référendum sur le traité de Maastricht a fortement politisé et clivé la question européenne, qui jusqu'alors relevait de ce que certains appelaient un « acquiescement de façade ». Ce traité – qui instituait une citoyenneté européenne, renforçait les pouvoirs du Parlement européen, mettait en place une politique étrangère et de sécurité commune et, surtout, lançait l'Union économique et monétaire – a été la véritable entrée en politique de la question européenne, en même temps qu'il a introduit les premiers clivages politiques la concernant.

Les premiers signes d'une érosion durable et régulière se sont alors fait sentir et, à partir de 1995, ce n'est plus qu'exceptionnellement que la barre des 50 % d'opinions positives sera dépassée. Sur vingt-six mesures de l'opinion effectuées de 1996 à 2008, seules six voient la barre des 50 % d'opinions positives franchie. Un retour éphémère de la confiance européenne sera sensible à l'automne 2004 ou encore fin 2007, dans un contexte de retour d'une certaine confiance politique. Mais ces sursauts passagers ne changeront rien à la perception dominante que l'Europe n'est pas un rempart efficace contre de graves crises sanitaires (épisode de la « vache folle » au début des années 1990), contre le retour de la guerre sur le théâtre européen (conflits et massacres dans l'ex-Yougoslavie de 1992 à 1995, puis guerre du

Kosovo en 1999), ou encore contre les crises économiques et financières. À partir de 2008 – et la crise financière n'y est pas pour rien –, l'appréciation positive de l'appartenance de la France à l'Union européenne ne concerne plus la majorité des citoyens (48 %). La France est, avec la Grèce, le pays où la chute de confiance est la plus sévère dans l'Union européenne. Depuis lors, le pourcentage de ceux qui portent une vision positive de l'appartenance à l'Union européenne n'est jamais repassé au-dessus de la barre des 50 %. Aujourd'hui, seuls 35 % de Français ont une image positive de l'Union européenne (Eurobaromètre de novembre 2018), alors que la moyenne européenne est de 43 %. L'opinion française véhicule une image plus négative de l'Union européenne que la traditionnelle opinion britannique eurosceptique (43 % des citoyens de Grande-Bretagne ont une image positive de l'Union européenne) !

### *Du désamour au rejet ?*

La crise économique et financière imprègne désormais toutes les perceptions et les marque du sceau d'un pessimisme avéré qui bat des records dans le cas français. Si 52 % des Européens pensent que « les choses vont dans la mauvaise direction pour leur pays », ils sont 70 % dans ce cas en France. En ce qui concerne l'Union européenne, 51 % des Européens considèrent que « les choses vont dans la mauvaise direction », 63 % des Français pensent de même[1]. Nombre de nos

1. *Eurobaromètre standard*, n° 90, automne 2018.

concitoyens semblent utiliser l'Europe comme un écran noir sur lequel ils projettent leurs inquiétudes économiques, sociales et identitaires. L'Europe, dans un premier temps perçue comme une instance de projection positive des rêves de paix et de croissance dans les trois décennies qui suivirent le traité de Rome (1957), est peu à peu devenue un bouc émissaire des difficultés françaises. À droite comme à gauche, et particulièrement à l'extrême des deux camps, de nombreuses forces politiques en ont fait une arme politique. L'Europe incarne tout à la fois un mal bureaucratique, un mal néolibéral, un mal cosmopolite, un mal interventionniste.

De toute évidence, les élargissements passés (l'entrée de dix pays en 2004) et la perspective de l'élargissement à de nouveaux pays, avec les craintes de délocalisations d'entreprises et de mouvements d'immigration générateurs de chômage dans une Europe où la reprise économique se fait attendre, ne sont pas étrangers à l'évolution générale de l'opinion vers plus d'euroscepticisme.

La difficulté ou la mauvaise volonté des États, mais aussi des forces politiques même proeuropéennes, à mettre l'Europe au cœur du débat public, à informer et à organiser de vastes confrontations sur les grands enjeux (Constitution, pouvoir politique de l'Union, diplomatie européenne, élargissement, identité de l'Europe...) laisse la place au vote protestataire et antieuropéen, et ouvre des perspectives à des populismes europhobes, trouvant dans les institutions européennes le responsable idéal de tous les maux nationaux (chômage, corruption, croissance économique faible...).

De fortes logiques individuelles de caractère social et culturel sont à l'œuvre dans les représentations que les citoyens ont de l'Europe. Dans le *Baromètre de confiance politique* réalisé par le Cevipof (janvier 2019), 28 % seulement des Français déclarent avoir confiance dans l'Union européenne. Le rejet de l'Europe bat ses records dans les milieux sociaux défavorisés : 74 % des ouvriers et 66 % des agriculteurs exploitants n'ont pas confiance dans l'Union européenne. En revanche, la confiance dans l'Europe atteint ses plus hauts niveaux chez les personnes éduquées (53 % des diplômés de l'enseignement supérieur), les artisans, commerçants et chefs d'entreprise (51 %) et les Français en haut de l'échelle sociale (49 % des professions libérales et cadres supérieurs). Électeurs relativement aisés et électeurs cultivés se retrouvent, pour des raisons différentes mais convergentes, en faveur de l'Europe, tandis que le rejet ou la défiance par rapport à l'Union européenne rassemblent ceux qui refusent la marginalisation des territoires ruraux ou rurbains au profit des réseaux urbains, qui s'insurgent contre cette nouvelle alliance des détenteurs de capital culturel et de capital urbain. Comme l'écrivait le géographe Jacques Lévy (*Libération*, 25 septembre 1992) à propos du référendum français sur le traité de Maastricht de 1992 : « Marché et culture, finances et communication ont en commun de se penser et de s'organiser en réseaux à plusieurs échelles, du local au mondial, sans donner à une seule l'exclusivité. C'est justement l'inverse qui unit la "France qui perd" : la crispation ethnique, géopolitique et socio-économique sur un échelon unique, celui de l'État-nation. » Ce message va bien au-delà de la seule question européenne et engage une réflexion plus large sur la manière de vivre le monde à toutes ses échelles :

faut-il engager un mouvement de repli communautaire, de rétraction nationale, ou faut-il entrer dans l'ère du postnational et des identités sans racines territoriales ? L'euroscepticisme ou l'europhobie sont les symptômes de la peur face à ce nouveau monde qui est en gestation, suscitant l'anxiété d'un vieux monde qui s'étiole.

Les grandes masses du refus de la construction européenne rassemblent à la fois des électeurs de la gauche de la gauche et de la droite de la droite. Pour le référendum de 1972 relatif à l'adhésion de la Grande-Bretagne, du Danemark, de l'Irlande et de la Norvège aux Communautés européennes, les 32 % du « non » sont composés des électeurs communistes et de la moitié de l'électorat gaulliste de l'époque, encore extrêmement travaillé par une conception très étroite de « l'Europe des nations ». En 1992, lors du référendum portant sur l'approbation des accords de Maastricht, les 49 % du « non » rassemblent la quasi-totalité des électeurs du Parti communiste français et du Front national, et une grosse moitié de ceux du Rassemblement pour la République. Enfin, en 2005, les 55 % du « non » sont le fruit de la rencontre dans les urnes de 95 % environ des électeurs communistes et frontistes, et de 60 % environ des électeurs socialistes et écologistes séduits par la campagne de Laurent Fabius et José Bové.

La coalition du « oui » est celle des blocs centraux, c'est-à-dire l'alliance dominante dans les institutions européennes réunissant le centre droit et les socialistes. L'actuel président du Parlement européen est un homme de la gauche italienne, David Sassoli, élu le 3 juillet 2019 par une large coalition rassemblant le Parti populaire européen (PPE), le Parti socialiste européen (PSE) et les libéraux. Cet accord entre socialistes et conservateurs perpétue l'accord tacite entre le PPE et PSE pour l'alternance des deux formations à la présidence du Parlement européen. Face à ce type de gouvernance européenne, la France est particulièrement mal à l'aise parce que notre bipolarité nationale a été pendant longtemps en complète contradiction avec les coalitions européennes organisées autour d'un « compromis centriste ».

La question européenne a bouleversé à de nombreuses reprises le jeu entre la gauche et la droite en France. Même si le schéma bipolaire français entre ces dernières peut encore s'appliquer, il ne permet plus de comprendre les divisions politiques qui se jouent autour de l'enjeu européen.

Le second tour de l'élection présidentielle de mai 2017 a vu, du reste pour la première fois, un candidat clairement europhile mais et de gauche et de droite, donc revendiquant clairement la sortie de la bipolarisation traditionnelle, opposé à une candidate dont l'hostilité à l'Union européenne était au fondement de sa campagne. Toute la campagne électorale d'Emmanuel Macron s'est faite dans des salles où sont brandis autant de drapeaux européens que de drapeaux nationaux, alors que les électeurs qui venaient à la rencontre de Marine Le Pen s'enthousiasmaient de l'appel de la candidate à « en finir avec l'Union européenne » (23 février 2017). Ce clivage européen, devenu central dans l'organisation de la nouvelle bipolarité politique qui s'impose entre La République en marche et le Rassemblement national, s'est à nouveau exprimé avec force lors des élections européennes de mai 2019. Face à une liste de La République en marche affirmant sans vergogne sa sensibilité européenne, la liste du Rassemblement national a défendu bec et ongles la reconquête des leviers de la souveraineté nationale contre une « Union européenne carcérale ». Pour la liste soutenant le président de la République, l'avenir de la souveraineté est au contraire du côté de l'Europe : « Depuis dix ans, les partisans de l'Europe ont baissé la tête. On oppose depuis lors Europe et souveraineté. Il est temps d'affirmer que sur les grands défis de notre époque (sécurité, migrations, commerce, numérique...) la vraie souveraineté passe par une action européenne » (programme de la liste Renaissance, LaREM, MoDem, Agir). Après avoir brouillé pendant plusieurs décennies le clivage entre la gauche et la droite, le clivage européen s'est donc imposé, mais dans le cadre d'une autre bipolarité, celle de la société ouverte opposée à la société du recentrage national. Une opposition qui est aussi à l'œuvre dans le monde des valeurs et des systèmes de représentation sociale.

## Le clivage autour des valeurs

À la fin des années 60, nombre d'observateurs ont mis au jour un changement des valeurs dans les jeunes générations des sociétés développées. Selon le politologue américain Ronald Inglehart, une « révolution silencieuse » était à l'œuvre dans les mentalités et voyait s'affirmer des valeurs postmatérialistes davantage orientées vers des enjeux qualitatifs tels que l'environnement, l'égalité entre sexes, le respect des minorités ou encore les rapports égalitaires de pouvoir dans les organisations[1]. Sur la scène politique française, toute

1. Ronald Inglehart, *The Silent Revolution. Changing Values and Political Styles Among Western Publics*, Princeton University Press, 1977.

une série de lois et de débats jalonnent la montée en puissance du libéralisme culturel : la loi Neuwirth du 28 décembre 1967 autorisant la contraception orale, la loi Veil du 17 janvier 1975 dépénalisant l'avortement, la loi du 18 septembre 1981 abolissant la peine de mort, la loi Gayssot du 13 juillet 1990 réprimant les propos racistes, antisémites ou xénophobes, la loi Joxe du 13 mai 1991 créant une collectivité territoriale corse où est garantie l'existence d'un « peuple corse composante du peuple français », la loi sur le Pacte civil de solidarité du 15 novembre 1999, la loi du 6 juin 2000 sur la parité en politique, la loi de bioéthique du 6 août 2004, l'introduction d'une Charte de l'environnement dans le préambule de la Constitution par une révision constitutionnelle en date du 18 février 2005, la loi du 17 mai 2013 dite du « mariage pour tous » ou encore les débats tout récents sur la procréation médicalement assistée ou l'euthanasie.

### *Le « libéralisme culturel »*

Défini par les politologues Gérard Grunberg et Étienne Schweisguth comme « le développement d'un système de valeurs antiautoritaires, valorisant l'autonomie et l'épanouissement individuels, reconnaissant à chacun le droit au libre choix de son mode de vie, et fondé sur le principe de l'égale valeur intrinsèque de tout être humain quels que soient sa race, sa religion, son sexe ou son rang social[1] », ce libéralisme culturel a été analysé comme l'un des nouveaux fondements

1. Gérard Grunberg, Étienne Schweisguth « Libéralisme culturel et libéralisme économique », art. cité.

des choix politiques des Français ayant joué un rôle fondamental dans les victoires comme dans les défaites électorales des années 80 et depuis. Le ralliement de la majorité des femmes à la gauche en est une illustration. Les femmes, davantage éduquées, mieux insérées dans le monde du travail et plus détachées de la religion que dans les décennies précédentes, sont de plus en plus séduites par une gauche se présentant comme le meilleur rempart des acquis du « féminisme ordinaire », selon le terme employé par Janine Mossuz-Lavau[1]. Les jeunes qui contribueront massivement à l'élection de François Mitterrand en 1981 et 1988 incarnent la « génération Mitterrand », formée politiquement et culturellement par « la marche pour l'égalité et contre le racisme » (1983), SOS racisme (fondé en 1984), et les manifestations étudiantes et lycéennes de 1986. Dans les années 90, sous l'effet combiné de la hausse du niveau moyen d'études et du renouvellement des générations, les valeurs individualistes et permissives du libéralisme culturel vont encore progresser.

Ce mouvement de libéralisation croissante est sensible à la fois sur le terrain des valeurs comme des pratiques. L'union libre devient de plus en plus un mode de vie et les naissances hors mariage se généralisent, passant de 9,4 % en 1978 à 60,3 % en 2018. La part des personnes se déclarant sans religion progresse de 27 % en 1981 à 58 % en 2016. On assiste à une transformation en profondeur du système de valeurs, tout particulièrement sur le terrain de la morale sexuelle et des questions

1. Janine Mossuz-Lavau, « Les électrices françaises de 1945 à 1993 », *Vingtième siècle*, n° 42, 1994.

éthiques. Alors que 24 % seulement de personnes interrogées en 1975 répondaient que « l'homosexualité est une manière comme une autre de vivre sa sexualité », elles sont 85 % en 2019. Les évolutions sont semblables sur le terrain des opinions relatives à l'interruption volontaire de grossesse (48 % y étaient favorables en 1974, 75 % en 2014) et à la difficile question de l'euthanasie (92 % des Français se disent prêts à légaliser le suicide assisté en 2013 en cas de maladies incurables et insupportables). Enfin, 65 % des Français sont favorables, en 2019, à l'extension de la procréation médicalement assistée aux couples de femmes. Qu'il s'agisse des opinions à l'égard de la sexualité, de ses choix de vie et de mort, de la place des femmes dans la société ou encore de la religion, celles-ci ont évolué vers un libéralisme de plus en plus affirmé mais aussi vers une individualisation de plus en plus prononcée. Cette évolution ne peut être ramenée à une simple valorisation de la tolérance et du respect d'autrui. Les aspirations personnelles comme les normes sociales se sont individualisées, marquant un refus croissant du contrôle de la vie privée par la société et par les pouvoirs publics.

Mais cette montée en puissance de l'individualisme n'empêche pas le renforcement d'une demande d'autorité dans la sphère publique qui commence à s'imposer au tournant des années 90. Certaines opinions se durcissent. La demande globale d'un retour de l'autorité est de plus en plus sensible : en 2019, 79 % des Français considèrent qu'on a « besoin d'un vrai chef en France pour remettre de l'ordre » ; 83 % pensent que « l'autorité est une valeur qui est trop souvent critiquée aujourd'hui » ; 44 % enfin voudraient voir le rétablissement de la peine de mort en France[1].

### *Liberté privée, ordre public*

Comment interpréter cette recherche d'une plus grande liberté dans le registre de la vie privée et d'une plus grande rigueur en ce qui concerne le respect des règles de vie collective ? Pour beaucoup, le mot d'ordre serait désormais, selon l'expression du professeur de sciences politiques Pierre Bréchon : « Fais ce que tu veux dans ta vie privée mais respecte l'ordre public[2]. » Les Français sont à la fois porteurs d'une demande de renforcement de l'autonomie de chacun et inquiets devant les effets potentiels de la dérégulation que cela peut occasionner dans l'espace public.

Sur ces nouveaux enjeux, les classes populaires dérivent vers des positions idéologiques de droite et d'extrême droite alors que les couches supérieures cultivées s'ancrent dans des positions universalistes davantage associées à la gauche. Ce déplacement tectonique des plaques idéologiques entraîne une modification profonde de l'espace politique. Nous nous éloignons d'un univers où une gauche des classes populaires porteuse des valeurs de l'antilibéralisme économique et de l'universalisme s'opposait à une droite des catégories aisées associant libéralisme économique et rejet des valeurs universalistes. Le nouvel espace politique qui se

1. *Fractures françaises 2019, vague 7*, enquête Ipsos/Sopra Steria pour *Le Monde*, la Fondation Jean-Jaurès et l'Institut Montaigne, 2019.

2. Pierre Bréchon, Jean-François Tchernia, *La France à travers ses valeurs*, Armand Colin, 2009.

dessine oppose, d'un côté, la défense des acquis sociaux associée au nationalisme et, de l'autre, une acceptation relative du libéralisme économique articulée au principe d'universalité.

Dès le début des années 90, des auteurs comme Piero Ignazi[1] avaient perçu l'impact de cette nouvelle synthèse politique et présenté l'extrême droite de la fin du XX^e siècle comme l'enfant légitime quoique non désiré de la « nouvelle politique » des sociétés postindustrielles. La « révolution silencieuse » post-matérialiste et libertaire, porteuse d'une « nouvelle politique » et d'enjeux tels que l'égalité des sexes, la qualité de la vie ou la promotion des minorités, a provoqué, en réaction, une « contre-révolution silencieuse » recréant peu à peu un pôle autoritaire.

## *La demande d'autorité*

À partir des années 80 et 90, la nouvelle gauche et les nouveaux mouvements sociaux ont été concurrencés par la nouvelle droite et les mouvements identitaires, notamment dans les catégories populaires. Une demande d'appartenance, de communauté, d'autorité et d'identité, dont l'extrême droite et les néopopulismes se sont emparés, s'est peu à peu imposée. La fracture culturelle existant aujourd'hui entre la gauche et le peuple ouvrier est un symptôme de cette bipolarisation culturelle et politique. En France, comme dans bien d'autres pays d'Europe, la gauche s'est embourgeoisée à la fois dans la composition de son électorat et dans les

1. Piero Ignazi, « The silent counter-revolution », *European Journal of Political Research*, vol. 22, n° 1, juillet 1992.

proximités de valeurs qu'elle entretient avec tel ou tel secteur de la société. Nombre de mesures phares actées ou proposées par le Parti socialiste (Pacs, 35 heures, soutien au mariage homosexuel, adoption possible pour les couples homosexuels, droit de vote pour les étrangers non issus de l'Union européenne…) répondent davantage aux attentes des classes moyennes et de la bourgeoisie qu'à celles des catégories populaires[1]. Le déclin démographique de celles-ci ainsi qu'un certain nombre d'évolutions mettant à mal leur cohésion comme leur identité, telles que la montée du chômage, la précarisation du travail, l'accentuation des difficultés de vie dans certains quartiers, ont pu favoriser des réactions de repli contre les immigrés, contre les assistés, contre la perte de valeurs morales et les désordres de la société contemporaine[2].

Lors de l'élection présidentielle de 2017, l'affrontement entre le candidat « et de gauche et de droite » et la candidate du recentrage national témoigne de l'impressionnante redistribution des cartes provoquée par plusieurs décennies de montée en puissance des clivages liés aux enjeux de la mondialisation, de l'Europe et du libéralisme culturel. Au second tour de l'élection présidentielle, Emmanuel Macron suscitera l'adhésion des cols blancs (81 %), des couches

1. « Gauche : quelle majorité électorale pour 2012 ? », note de la Fondation Terra Nova, mai 2011.

2. En septembre 2019, alors que 54 % des Français considèrent que, « globalement, même s'il peut y avoir des soubresauts, […] la société et l'humanité évoluent vers toujours plus de progrès », seuls 39 % des ouvriers pensent de même (*Enquête Fractures françaises 2019*, Ipsos pour *Le Monde*, la Fondation Jean-Jaurès et l'Institut Montaigne, 30 août-3 septembre 2019).

intermédiaires (72 %) ainsi que des diplômés (76 % chez les détenteurs de diplômes supérieurs au baccalauréat), c'est-à-dire des milieux les plus favorables à l'ouverture mondiale, européenne et culturelle. Marine Le Pen, héritière de la droite extrême, parviendra à s'enraciner fortement chez les ouvriers (60 %), les employés (47 %), les chômeurs (51 %) et les sans-diplôme (46 %), plus rétifs à la mondialisation, à la construction européenne et à la libéralisation culturelle. 20 % seulement des électeurs d'Emmanuel Macron se perçoivent comme « des perdants et des victimes de la mondialisation[1] », 74 % des électeurs de Marine Le Pen se définissent comme tels. Deux ans plus tard, à l'occasion des élections européennes, 79 % des électeurs de la liste La République en marche ont voté en fonction d'enjeux européens tandis que 67 % de ceux de la liste du Rassemblement national l'ont fait en fonction d'enjeux nationaux.

Aujourd'hui, le monde, l'Europe, la culture organisent largement le système de nos préférences politiques. Ces trois instances ont trouvé de plus en plus leurs modes d'expression politique. Il sera bien difficile pour les familles politiques d'antan de ressusciter un clivage entre la gauche et la droite porteur de sens. D'autant plus que les trois clivages dont nous venons de montrer la naissance et le développement sont à l'œuvre dans toutes les composantes de la démocratie. La démocratie directe des Gilets jaunes n'a cessé de

1. *Enquête électorale française 2017, vague 14*, sondage Ipsos/Sopra Steria pour le Cevipof, 30 avril-3 mai 2017.

charrier pendant des mois un rejet de la mondialisation, un scepticisme profond vis-à-vis de la construction européenne et une indifférence par rapport au libéralisme culturel. La démocratie participative du grand débat a été sensiblement plus nuancée dans sa prise de distance par rapport à la mondialisation, son hostilité à l'Europe et son scepticisme quant à l'évolution des valeurs dans un sens plus permissif. Enfin, la démocratie représentative telle qu'elle s'est exprimée le 26 mai 2019 a montré que le clivage dominant était celui qui s'est construit depuis trois décennies autour de l'Europe, de la mondialisation et des valeurs d'ouverture. Tous ces clivages, à des degrés divers, définissent la plupart des enjeux auxquels la France et les Français sont confrontés, et conditionnent aussi leurs réponses politiques conventionnelles et non conventionnelles, plus ou moins protestataires, plus ou moins contestataires. Tous mettent en scène et en actes leurs préoccupations.

## La disruption en actes

En 2017, la France est passée d'une situation où la vie politique était encore organisée par le clivage entre la gauche et la droite à une polarisation tout à fait différente. Gauche et droite connaissent une diversification de plus en plus importante sans qu'aucune famille politique se dégage comme trait d'union. Des candidats s'étant affranchis des affiliations traditionnelles prétendent jouer les premiers rôles. S'ajoute à cela l'autonomie croissante des électorats devenus de fait plus mobiles et plus imprévisibles. Ainsi, des électeurs incertains évoluent dans un paysage politique lui-même de plus en plus incertain. La mobilité des électeurs nourrit celle du système d'offre politique qui lui-même alimente les itinérances politiques des premiers.

## *Des électeurs qui s'affranchissent*

Les électorats ont des ancrages de plus en plus composites, et la fidélité n'est plus considérée comme une condition du vote par nombre d'électeurs. Ainsi, au premier tour de l'élection présidentielle de 2017, l'électorat d'Emmanuel Macron rassemble tout à la fois des électeurs de gauche, de droite et du centre : 46 % des électeurs macroniens avaient voté en faveur de François Hollande cinq ans plus tôt, 17 % avaient choisi Nicolas Sarkozy, 16 % François Bayrou, 21 % avaient voté pour d'autres candidats ou n'étaient pas inscrits[1]. Même dans l'univers beaucoup plus homogène du lepénisme, la mobilité électorale est une réalité. Parmi les électeurs ayant voté pour Marine Le Pen au premier tour de l'élection présidentielle de 2017, 59 % confirmaient leur vote de 2012, mais 15 % avaient choisi Nicolas Sarkozy, 7 % François Hollande et 19 % avaient sélectionné d'autres candidats ou n'étaient pas inscrits. Ainsi, la mobilité recompose-t-elle d'une élection à l'autre le profil politique des électorats.

Cette volatilité est également importante dans le temps court de la campagne électorale. Le choix électoral se

1. *Enquête électorale française, vague 12*, sondage Ipsos/ Sopra Steria pour le Cevipof, 14-15 mars 2017. Tous les chiffres cités dans ces pages en proviennent.

façonne de plus en plus durant la campagne et parfois dans la dernière ligne droite des jours qui précèdent le scrutin. Au premier tour de l'élection présidentielle de 2017, moins d'un électeur sur deux (48 %) avait choisi son candidat longtemps à l'avance, un sur quatre (25 %) s'était décidé pendant la campagne et 27 % avaient hésité jusqu'au dernier moment. En 2012, les choix durant la campagne et de dernier moment n'avaient concerné que 40 % des électeurs. Les hésitations et les changements de choix ne cessent donc de progresser. La constitution de l'électorat d'Emmanuel Macron est à cet égard très symptomatique : 65 % des électeurs ont fait leur choix pendant la campagne ou au dernier moment, privilégiant l'image du candidat et la manière dont ils appréciaient sa campagne et non leurs ancrages politiques.

Le clivage entre la gauche et la droite, qui avait animé l'essentiel des combats présidentiels passés, a donc peu à peu disparu et perdu largement de son sens pour les électeurs. Interrogés en mars 2019, 54 % des Français disaient que le clivage gauche-droite devait être dépassé, 20 % qu'il ne devait pas être dépassé, 26 % se réfugiant dans la non-réponse[1]. Parmi les électeurs ayant voté en faveur d'Emmanuel Macron, la nécessité du dépassement était soutenue par 77 % d'entre eux. Mais même dans les électorats des candidats dont l'ancrage à gauche ou à droite restait assuré, le constat était le même : pour 55 % des électeurs de Benoît Hamon, 52 % de ceux de François Fillon, 50 % de ceux de

1. Enquête Viavoice/L'Observatoire de la démocratie, pour la Fondation Jean-Jaurès et la *Revue civique*, mars 2019.

Marine Le Pen, enfin, pour 47 % de ceux de Jean-Luc Mélenchon. Le clivage autour de la mondialisation et de l'ouverture à la globalisation s'est en revanche de plus en plus imposé. Les deux candidats représentatifs de la traditionnelle opposition entre la gauche et la droite (Benoît Hamon et François Fillon) furent nettement battus, ne rassemblant à eux deux que 26,4 % des suffrages. En revanche, c'est autour des enjeux de la globalisation que l'opposition entre Emmanuel Macron et Marine Le Pen s'est structurée[1].

La période des deux années qui ont suivi la victoire d'Emmanuel Macron n'a permis la résurgence d'aucun des deux grands courants qui animaient la vie politique française depuis plus de deux siècles. La réforme du code du travail et celle de la SNCF ont certes donné un espace à la gauche et à la protestation syndicale. C'est à ce moment-là que Jean-Luc Mélenchon est apparu dans les enquêtes d'opinion comme le meilleur opposant à Emmanuel Macron. Mais la mobilisation de cette gauche protestataire est restée faible, et le train des réformes a poursuivi son cours. En 2018, l'augmentation prévue des taxes sur le carburant provoque une vague imprévue de mécontentements et une mobilisation sociale d'un nouveau type : le mouvement des Gilets jaunes. Gauche et droite seront complètement désarçonnées par cette mobilisation échappant à toute catégorisation politique et sociale. Elles hésiteront entre

1. En septembre 2019, 78 % des électeurs proches du parti du président de la République considèrent que « la mondialisation est une opportunité pour la France » ; 24 % seulement des électeurs proches du Rassemblement national pensent de même (*Enquête Fractures françaises 2019*, déjà citée).

tentatives de récupération et méfiance. Le mouvement, fort d'un soutien d'opinion, ira jusqu'à faire vaciller le pouvoir et montrera que le terrain des mobilisations sociales est touché par une disruption de même ampleur que celle qui avait marqué en 2017 le paysage électoral et politique. Pour l'instant, cette disruption électorale se fait surtout par le haut (élections présidentielle et européennes), mais ne plonge pas ses racines profondément au sein des territoires où résistent encore les courants classiques de la gauche et de la droite. On verra lors des élections locales de 2020 et 2021 (municipales de 2020, départementales et régionales de 2021) si la disruption s'étend aux territoires. Pour le moment, les principales forces de la disruption électorale n'ont pas beaucoup de relais locaux. Il en était de même en 1958 avec le courant gaulliste, et il fallut plusieurs années pour que celui-ci s'enracine dans les communes et les départements. Les deux années qui viennent nous diront ce qu'il en est pour La République en marche, le Rassemblement national et l'écologie politique. Le mouvement d'en bas viendra-t-il rencontrer le mouvement d'en haut qui, lui, est indéniable depuis trois ans ?

Même s'il faut prendre avec beaucoup de précautions les intentions de vote à une élection présidentielle qui se tiendra en 2022, une enquête réalisée fin mai 2019 donne une idée du rapport de forces actuel. Les trois candidats qui arrivent en tête sont tous issus de la disruption politique. Les représentants des partis traditionnels de la gauche et de la droite sont relégués dans un rôle de spectateurs d'un conflit présidentiel qui ne leur appartient plus. Emmanuel Macron rassemble 30 % des intentions de vote devant Marine Le Pen (28 %)

et Yannick Jadot (12 %). Tous les candidats représentatifs de la gauche et de la droite sont en dessous de la barre des 10 % : Jean-Luc Mélenchon (9 %), Laurent Wauquiez (8 %), Olivier Faure (4 %). Leurs électorats de référence sont considérablement affaiblis : Jean-Luc Mélenchon ne retrouverait que 54 % de ses électeurs de 2017, Olivier Faure 27 % des électeurs de Benoît Hamon, Laurent Wauquiez 33 % de ceux de François Fillon. Du strict point de vue de la comptabilité des voix et des transferts de voix, la disruption politique semble toujours à l'œuvre.

Les nouveaux électeurs ne sont pas revenus à leur camp politique d'origine et continuent d'explorer les voies du renouvellement de l'offre politique telles qu'elles se sont ouvertes en 2017 et dans les années qui ont suivi.

### *Un nouvel espace partisan*

Comme le constate le politologue Pierre Martin, « la restructuration du paysage politique enclenchée en 2017 s'accentue selon une dynamique travaillée par la tendance à la formation de trois pôles partisans (droite conservatrice identitaire, centre libéral mondialisateur et gauche démocrate écosocialiste) sous l'influence de deux clivages, l'un à dominante culturelle (cosmopolites/identitaires) et l'autre à dominante économico-sociale (altermondialistes/néolibéraux)[1] ». Aux côtés des deux pôles du principal clivage entre nationaux identitaires et libéralo-mondialisateurs, se développe un pôle écologiste

1. Pierre Martin, « Les élections européennes de 2019 en France », *Commentaire*, n° 167, automne 2019.

susceptible de recueillir des électeurs de gauche qui désespèrent des leaders et des appareils de la gauche à prendre en compte leurs préoccupations.

La création par Emmanuel Macron en 2016 du mouvement En Marche ! s'inscrit pleinement dans cet espace politique tripolaire et incarne le centre libéral mondialisateur. Mais, au-delà de cette nouvelle affiliation idéologique, En Marche ! répond surtout à la volonté de rompre avec la vieille conception des partis et de créer des mouvements, des organisations d'un nouveau genre s'efforçant de réinventer la politique par-delà les vieux clivages. Il en est de même pour la création de La France insoumise la même année, que Pierre Martin situe dans le pôle démocrate écosocialiste. Lorsque le Front de gauche de Jean-Luc Mélenchon se saborda pour laisser la place à La France insoumise, celui-ci précisa : « Nous sommes un mouvement, pas un parti [...], il n'y a pas de doctrine commune. » À l'ère du fractionnement des croyances et des idéologies, du triomphe du numérique et des électeurs sans attaches durables, ces mouvements veulent inventer des formes politiques évolutives, mariant à la fois la verticalité de l'autorité du chef et l'horizontalité du réseau numérique et des procédures participatives. Cela entraîne une mutation radicale des formations partisanes qui sont à l'œuvre dans l'espace politique.

Depuis l'émergence des partis de masse à la fin du XIX^e siècle, la fonction traditionnelle des partis a été de créer un lien entre la société et l'État en recrutant des candidats, en élaborant des programmes et en mobilisant des électeurs. Pour cela, les partis avaient besoin d'adhérents ayant un lien formel d'affiliation à l'organisation, payant une cotisation et participant aux processus de décision interne. Au cours des décennies récentes, les partis ont connu un déclin de la participation militante, un renforcement du leadership et de sa personnalisation, enfin l'importance croissante de campagnes coûteuses de communication. Ainsi, du « parti de masse » (Duverger) tourné vers l'adhérent est-on passé au « parti attrape-tout » (Kirchheimer) orienté vers l'électeur, puis au « parti-cartel » (Katz et Mair) rattaché à l'appareil d'État et aux ressources qui en dépendent, lui permettant de se pérenniser. L'apparition, en France et en Europe, de nouveaux mouvements a introduit une nouvelle catégorie d'analyse, celle du « parti entreprise[1] ». Ce dernier est à l'initiative d'un « entrepreneur » politique, mobilisant des ressources provenant du secteur privé et entretenant une réelle personnalisation du pouvoir.

L'un des spécialistes de l'analyse des partis, Michel Offerlé, résume de manière lapidaire les éléments constitutifs de ces nouvelles organisations politiques : « un chef + Internet[2] ». La République en marche, La France insoumise ont tout ou partie de ces caractéristiques. On retrouve aussi certains traits de ce nouveau type d'organisation politique au Rassemblement national. Ces organisations partisanes entretiennent un réseau d'activités fonctionnant avec des membres informels n'ayant plus le rôle interne que les adhérents pouvaient

1. Jonathan Hopkin, Caterina Paolucci, « The business firm model of party organization : cases from Spain to Italy », *European Journal of Political Research*, vol. 5, n° 3, mai 1999.

2. Michel Offerlé, « Avec l'élection de Macron, la nouvelle cartographie du système partisan français », *Le Monde*, 30 mai 2017.

avoir dans les partis traditionnels. Les « partis entreprises » créés par des leaders sur le mode entrepreneurial accordent une importance première à la scène électorale et aux techniques de campagne, et ne s'intéressent que dans une moindre mesure aux adhérents. Comme le prévoit l'article 5 des statuts de La République en marche : « L'adhésion n'est pas conditionnée au versement d'une cotisation. » Le lien à l'organisation partisane s'en ressent, le lien direct au chef en sort renforcé.

### *Le risque de la personnalisation et de l'élitisme*

Dans ces nouveaux partis, la direction du mouvement est sous le contrôle direct du chef, les organes centraux ne dépendent que faiblement de la base, les élections internes ne sont pas nombreuses et la sélection des candidats reste dans les mains d'organismes centraux. Ainsi, dans la tension existant entre l'horizontalité revendiquée de ces mouvements et la verticalité assumée de leur leadership, c'est bien le second principe qui l'emporte. Par exemple, les auteurs d'une recherche effectuée sur les adhérents de La République en marche préfèrent parler d'un « parti personnel ». « LaREM combine ainsi – et c'est pour ainsi dire sa signature – une puissante verticalité liée aux conditions même de sa naissance et au leadership d'Emmanuel Macron, et une horizontalité quasi liquide dans les formes d'accès au mouvement, dans l'organisation d'un activisme à la carte et dans l'ouverture au débat d'idées[1]. » Ce mouvement de personna-

1. Bruno Cautrès, Marc Lazar, Thierry Pech, Thomas Vitiello, *La République en marche : anatomie d'un mouvement*, Fondation Terra Nova, 2018.

lisation est renforcé par la logique de la V^e^ République qui, quelle que soit la forme organisationnelle du parti au pouvoir, exige que celui-ci soit au service du président. Ainsi, les nouvelles organisations politiques sont-elles saisies par des logiques institutionnelles et des tendances oligarchiques lovées au cœur même des organisations se prétendant démocratiques.

Ces organisations nouvelles ne font pourtant pas vraiment recette. En septembre 2019, à part Europe Écologie Les Verts, aucun parti ne recueille une majorité de bonnes opinions. LaREM et La France insoumise ne bénéficient que de 29 % et 25 % d'opinions favorables, guère plus que les vieux partis socialiste et républicain (respectivement 25 % et 22 %)[1]. Pourtant, l'élection de 2017 avait été un moment sans précédent dans l'histoire des relations entre les partis et la victoire présidentielle. Jamais jusqu'alors un candidat ne l'avait emporté sans le soutien politique et logistique d'une organisation politique préexistante. Même en 1965, le général de Gaulle, sans bien sûr le revendiquer, avait pu bénéficier du soutien de l'UNR-UDT. Par la suite, tous les présidents furent élus en s'appuyant sur des partis (UDR, Républicains indépendants, PS, RPR, UMP). Non seulement Emmanuel Macron vaincra à l'élection présidentielle, mais en plus son tout nouveau mouvement, LaREM, remportera haut la main les élections législatives qui s'ensuivront, raflant une majorité écrasante de sièges à l'Assemblée nationale. Ce sera incontestablement un réel coup de force politique.

---

1. *Baromètre politique*, Kantar-Onepoint pour *Le Figaro Magazine*, septembre 2019.

La volonté d'ouverture du mouvement et la logique managériale qui était appliquée avaient comme ambition d'ouvrir les filières de recrutement du personnel politique à des milieux qui jusqu'alors n'épousaient pas de carrières politiques.

À l'issue du second tour, 308 députés de La République en marche seront élus, dont 169 n'avaient auparavant jamais eu de mandat électif. La moyenne d'âge des députés de LaREM est de 46 ans, ce qui fait de l'Assemblée de 2017 l'Assemblée la plus jeune de la Vᵉ République avec celle élue en 1981. Le groupe de députés de LaREM parvient même à la quasi-parité avec 47 % de femmes et participe d'une féminisation que l'Assemblée nationale n'avait jamais connue (39 % de femmes contre 27 % dans l'Assemblée précédente). L'immense majorité (70 %) de ces députés de LaREM provient du secteur privé et rééquilibre un personnel parlementaire dont le centre de gravité était davantage vers le secteur public (55 % en 2012, 46 % en 2017). Enfin, ces députés de LaREM n'ont dans leur majorité pas de passé d'élus locaux et n'appartiennent pas au monde des professionnels de la politique. Néanmoins, ce renouveau ne se traduit pas par une diversification de l'origine sociale des députés ni par une promotion des couches moyennes et populaires. Tout au contraire, le poids des catégories supérieures et des élites sociales se renforce et constitue l'une des assemblées les plus élitistes de la Vᵉ République (68 % de députés originaires des classes supérieures contre 53 % en 2012). Ce poids écrasant des classes supérieures va consolider la fracture sociale et politique entre LaREM (associée sur ce terrain à LR) et le pôle contestataire des députés de

La France insoumise, du Parti communiste français et du Rassemblement national, dont le profil de classes moyennes et populaires est plus affirmé. La crise de la représentation politique alimentée par la surreprésentation des milieux favorisés dans le personnel politique est de fait encore accentuée par la composition sociale de la nouvelle Assemblée.

Cependant, alors que le discours de campagne d'Emmanuel Macron n'avait pas de mots assez sévères pour dénoncer les pesanteurs et les limites des corps intermédiaires, son parti cherche, deux ans plus tard, avec difficulté son simple rôle de courroie de transmission pour assumer pleinement une fonction de médiation.

En l'espace de quelques mois, le nouveau pouvoir a donné l'impression que la représentation politique avait retrouvé sa capacité à exprimer la société et à la changer. Les réformes de la SNCF et du code du travail, qui en d'autres temps auraient rencontré l'hostilité et le pouvoir de blocage des forces sociales, ont été votées par la représentation nationale. La nouvelle politique a pu un temps paraître performative. Mais c'est compter sans les contestations qui se profilent et le désamour de l'opinion.

### Le désamour de l'opinion

Comme tous ses prédécesseurs immédiats, Emmanuel Macron a connu une érosion rapide et importante de sa popularité. En seize mois, le pourcentage de celles et ceux qui se déclarent « satisfaits d'Emmanuel Macron comme président de la République » (Ifop) est passé de

62 % en mai 2017 à 29 % en septembre 2018[1]. Cette érosion de 33 points est certes inférieure à l'effondrement qu'avait connu François Hollande (– 38 points), mais elle est supérieure à la perte, pourtant déjà importante, qu'avait enregistrée Nicolas Sarkozy (– 28 points). Ce décrochage s'est fait en plusieurs temps.

Le premier temps est celui de l'été qui a suivi son élection et qui a vu le président de la République passer de 62 % de satisfaction en mai 2017 à 45 % en septembre de la même année. La lune de miel entre le nouvel élu et l'opinion a été de courte durée et s'est vite inscrite dans le désamour vis-à-vis de la démocratie élective devenu la règle dans nombre de démocraties. À peine élu, le nouveau « Prince[2] » voit la confiance fondre comme neige au soleil et la dure loi de l'impopularité s'imposer. Lors de l'été 2017, ce premier décrochage de 17 points a été particulièrement prononcé chez les femmes (– 20 points), dans les tranches d'âge de la maturité (– 25 points chez les 35-49 ans et – 22 chez les 50-64 ans), les couches populaires (– 26 chez les employés et – 24 chez les ouvriers) ainsi que dans la gauche (– 31 chez les sympathisants de La France insoumise, – 25 chez ceux du PS et – 24 chez ceux d'EELV) et chez les centristes (– 31 chez les sympathisants du MoDem, – 23 chez ceux de l'UDI). La thématique du « président des riches » ainsi que la déception des centristes à la suite de la démission de François

1. En septembre 2019, Emmanuel Macron est remonté à 33 % de personnes satisfaites de son action en tant que président de la République. Indices de popularité Ifop pour le *Journal du dimanche*, septembre 2019.

2. Vincent Martigny, *Le Retour du Prince*, Flammarion, 2019.

Bayrou ont contribué à ce premier décrochage d'électeurs temporairement séduits par Emmanuel Macron et sa large victoire contre Marine Le Pen. Cet effet victoire n'a que peu duré, laissant rapidement la place à un déséquilibre de la position centrale du nouveau président élu. Sa base de gauche le quitte et son soutien centriste s'éloigne alors que les sympathisants de droite restent davantage fidèles.

Le deuxième décrochage est nettement plus modéré et se met en place entre septembre 2017 et juin 2018. Emmanuel Macron ne perd que 5 points de soutien. Il fait même preuve, dans l'ardeur du mouvement de réformes qu'il lance (réforme du code du travail actée fin septembre 2017, réforme de l'orientation des étudiants votée en février 2018, réforme du statut de la SNCF adoptée en juin 2018…), d'une capacité à remonter dans l'opinion (52 % de satisfaction en décembre 2017, 50 % en janvier 2018). Cependant, le décrochage touche de manière sensible un milieu qui jusqu'alors lui était resté très favorable : celui des retraités. De septembre 2017 à juin 2018, la cote de satisfaction d'Emmanuel Macron chez les 65 ans et plus perd 14 points et chez les retraités 11 points. Ce bastion électoral du macronisme (26 % des électeurs âgés de 65 ans et plus au premier tour de l'élection présidentielle et 76 % au second avaient voté en faveur d'Emmanuel Macron) se fracture.

## *Une popularité en chute libre ?*

Le troisième décrochage, de juin à septembre 2018, semble annuler la capacité de résistance dont Emmanuel Macron avait fait preuve et qui l'avait vu, de janvier à juin 2018, osciller entre 40 % et 50 % de satisfaits alors que la popularité de ses prédécesseurs immédiats avait été plus faible. La séquence de l'été 2018 et son passage de 40 % de satisfaction en juin à 29 % en septembre (– 11 points) le banalisent et entraînent une certaine « hollandisation » de sa courbe de popularité. Emmanuel Macron devient un président impopulaire comme les autres. Ce troisième décrochage est un peu différent des précédents. Il touche de manière importante des populations plus jeunes (– 16 points chez les 25-34 ans), des couches moyennes indépendantes et salariées (– 22 chez les commerçants, artisans et chefs d'entreprise, – 18 dans les professions intermédiaires, – 15 chez les employés) ainsi que les sympathisants des deux anciens grands partis de gouvernement qui constituent « l'armée de réserve électorale » du macronisme (– 20 chez les sympathisants du PS, – 18 chez ceux des Républicains).

Ces décrochages successifs ont chacun leur logique sociale et politique particulière. Le décrochage populaire initial de l'été 2017 sanctionne une présidence qui peut donner l'impression qu'elle ne s'intéresse qu'à ceux qui réussissent. C'est le 29 juin 2017 qu'Emmanuel Macron, devant un parterre de jeunes entrepreneurs, parle des « gens qui réussissent et des gens qui ne sont rien ». Après cette perte de confiance particulièrement vive dans les milieux populaires, le deuxième décrochage de la fin 2017 et du premier semestre 2018 touche massivement les personnes âgées et retraitées, fortement concernées par la hausse de la CSG et la baisse à venir de nombre de pensions désindexées de la hausse des prix. Enfin, le troisième décrochage de l'été 2018 touche le cœur des couches moyennes qui constitue pourtant la base sociale du macronisme.

En un an, de septembre 2017 à 2018, le décrochage est donc massif (– 16 points) et contribue à fragiliser le dispositif social et politique du macronisme. Les couches moyennes et supérieures, ainsi que les retraités qui constituaient le socle social du macronisme connaissent une érosion de même ampleur – et même parfois plus importante – que la moyenne nationale. Politiquement, le macronisme se replie peu à peu sur le seul bastion de La République en marche, alors qu'il s'affaiblit fortement chez ses alliés centristes (– 14 au MoDem, – 22 à l'UDI) pour s'effondrer dans ces « réserves naturelles » que constituent les électeurs socialistes (– 26) et les électeurs républicains (– 23). Ce qui a fait la force du macronisme est sa position centrale à la fois au cœur de la société et du système politique. Les décrochages successifs liés à un style politique très vertical, à la mise en œuvre de politiques publiques peu favorables à certains milieux, ou encore à des crises politiques comme celles qui ont émaillé les mois de l'été 2018 (affaire Benalla, départ de Nicolas Hulot du gouvernement), contribuent à l'affaiblissement de cette centralité macronienne pour en faire, peu à peu, une force politique qui s'est banalisée et qui paraît relativement isolée. C'est cette force solitaire qui va être violemment interpellée par la crise des

Gilets jaunes. Alors que 31 % des Français déclaraient encore, en septembre 2018, qu'ils approuvaient l'action d'Emmanuel Macron, ils ne sont plus que 23 % à faire de même en décembre lorsque le mouvement des Gilets jaunes atteint son point d'orgue. La présidence Macron fait l'objet d'une détestation proche de celle que la présidence Hollande avait connue. Le monde nouveau d'Emmanuel Macron est atteint d'un processus de sénescence précoce. La démocratie représentative macronienne vacille sous les coups de boutoir de la démocratie directe des Gilets jaunes.

# 2

# L'irruption des Gilets jaunes : la démocratie directe en action

À la fin de l'année 2018, la démocratie représentative traverse une des crises les plus graves de son histoire depuis la fin de la Seconde Guerre mondiale. Elle donne l'impression d'un régime qui peut être balayé par la démocratie directe et expéditive de la rue, qui convoque comme toujours la figure ambiguë mais symboliquement puissante du peuple en colère. Partis et syndicats assistent en spectateurs à une mobilisation qui leur échappe, les élus sont vilipendés, et le premier d'entre eux, le président de la République, est déboussolé par la fronde qui semble traverser tout le pays.

## De quoi s'agit-il ?

Le mouvement des Gilets jaunes a été, à juste titre, analysé comme le retour de la question sociale au cœur de la société française. Les analyses publiées insistent beaucoup sur cette dimension. « L'un des grands mérites de ce mouvement, à mes yeux, précise l'historien Gérard Noiriel, est d'avoir replacé la question sociale au centre du jeu politique[1]. » En effet, l'affrontement politique semble avoir retrouvé ses bases sociales, de « lutte des classes ». Mais le mouvement a aussi très vite pris une tournure de protestation politique montant à l'assaut de la démocratie représentative au nom de la démocratie directe.

### *Un mouvement nouveau ?*

À l'occasion de crises sociales du passé, la question du débouché politique et représentatif des grandes mobilisations collectives s'est toujours posée. Mais, la plupart du temps, ces dernières restaient dans l'orbite de la représentation partisane et syndicale, capable de mettre en place leurs propres instruments de représentation. Tel fut le cas en 1936 lors de la victoire du Front populaire et de la mobilisation qui s'est ensuivie. En 1968, en dépit d'une sensibilité d'action directe non négligeable, les partis et les syndicats n'étaient pas hors jeu. En 1995, les acteurs syndicaux restèrent très présents, même si les partis politiques d'opposition commençaient à perdre leur influence. Mais, dans les années récentes, plusieurs mobilisations s'organisent en marge des organisations traditionnelles, que l'on pense au mouvement des Indignés ou encore à Nuit debout. Mais surtout aux Bonnets rouges manifestant en Bretagne en octobre 2013. Ceux-ci avaient mobilisé sur toute la région une soixantaine de comités locaux et mis en œuvre des cahiers de doléances qui avaient trouvé leur débouché lors des états généraux

1. Gérard Noiriel, *Les Gilets jaunes à la lumière de l'histoire*, *Le Monde*/L'Aube, 2019, p. 57.

de Bretagne tenus à Morlaix en mars 2014. Le jeune mouvement Extinction Rebellion (XR) est la dernière en date de ces mobilisations réticulaires, rétives à toute forme de représentation stable.

La relocalisation des enjeux, la quête d'une reconnaissance politique, l'occupation de nouveaux espaces comme les routes et les ponts figurent un nouveau mode de mobilisation sociale. Ces nouveaux mouvements s'inscrivent dans ce même type de mobilisations où le local participe d'un nouveau régime de contestation[1]. Ils s'imposent et se font entendre sans la médiation des organisations politiques ou syndicales traditionnelles. Le mouvement cherche un ailleurs de la démocratie représentative sous la forme d'une démocratie immédiate. Il tente de court-circuiter le monde de la représentation en activant une vision binaire du clivage politique et social où un peuple homogène se pose en s'opposant aux élites. Il met en scène cet affrontement avec les instruments du populisme : le registre affectif et émotionnel, l'absence de références idéologiques ou le recours au syncrétisme politique mêlant les sources d'inspiration. Ce populisme est radical dans la mesure où il prend les allures d'une insurrection jusqu'au-boutiste, ne négligeant pas toujours la violence et ne s'encombrant pas des contraintes légales. Cette radicalité est d'autant plus valorisée que l'opinion publique soutient assidûment le mouvement.

1. Laurent Jeanpierre, *In Girum. Les leçons politiques des ronds-points*, La Découverte, 2019.

## *Un conflit autour de la mobilité*

La grogne autour des problèmes de mobilité et de déplacement automobile avait en fait commencé dès le début de l'année 2018. À peine annoncé le projet d'abaisser de 90 km/h à 80 km/h la vitesse autorisée sur les routes secondaires, la mesure avait suscité un fort rejet. Un premier sondage Ifop indiquait dès janvier 2018 que 71 % des Français y étaient opposés ; 78 % des habitants des zones rurales n'y étaient pas favorables. Le sujet était omniprésent dans les conversations des Français. Pourtant, le gouvernement restait insensible à la montée de ce mécontentement attisé par la hausse du prix du contrôle technique et son durcissement, par l'augmentation des péages autoroutiers et des tarifs de stationnement, et par l'explosion du nombre de personnes flashées par les radars automatiques. En dépit des oppositions, la loi devant entrer en application en juillet 2018 est maintenue.

C'est sur cette toile de fond que la hausse des tarifs de l'essence et du fioul doit être appréciée[1]. Composante importante de la hausse des carburants, la taxe carbone devait continuer sa progression prévue dans le cadre de la contribution climat-énergie mise en place fin 2013. Pendant longtemps, la hausse fut indolore, les prix du pétrole brut étant à la baisse. En revanche, à partir de 2017 et surtout 2018, le prix du baril repartait à la hausse. De septembre 2017 à septembre 2018, le litre d'essence augmenta de 13,4 %, celui du gazole

1. Jérôme Fourquet, « Gilets jaunes – Note n° 1. La mobilisation contre les 80 km/h : un signe avant-coureur du mouvement des gilets jaunes », *Ifop Focus*, n° 190, février 2019.

de 21,1 % et celui du fioul domestique de 27,6 %. Le gouvernement prévoyait une hausse continue de la taxe carbone pour les années 2019-2022. La réalité de l'année 2018 et les perspectives des années à venir mirent le feu aux poudres pour celles et ceux qui, sur des budgets déjà serrés, voyaient la part des budgets consacrés au transport et au chauffage augmenter très sévèrement. Ces diverses hausses furent à l'origine de la mobilisation des Gilets jaunes, et c'est sur ce terrain que le gouvernement chercha les premières réponses susceptibles d'éteindre l'incendie de la révolte.

Le 5 décembre, le gouvernement d'Édouard Philippe annonça un gel de la taxe carbone pour six mois, avant de finalement l'annuler à l'horizon 2019. Ces concessions ne furent pas suffisantes pour déminer le terrain d'une mobilisation qui se forma dans la rue, sur les ronds-points mais aussi dans l'espace virtuel du Web au travers de médias sociaux (Facebook, Twitter, YouTube) ou de plateformes dédiées. Des dizaines de milliers de Français revêtirent un gilet jaune ou le mirent en évidence dans leur voiture lors de leurs déplacements. Le mouvement inventait ainsi son propre signe de ralliement sans aller puiser dans les signes déjà usités de la protestation (drapeau rouge, poing levé, *Internationale*...). Le mouvement se rendait visible au travers d'une symbolique particulièrement bien trouvée et efficace : un vêtement possédé par chaque Français ayant une voiture et imposé par la loi[1]. Un marqueur universalisable et non connoté politiquement.

1. Selon l'Insee, en 2014, 83 % des Français avaient au moins une voiture.

À partir du 17 novembre (acte 1) se mit en place un rendez-vous manifestant hebdomadaire à Paris et dans de grandes et moyennes villes du territoire.

### *Le profil du « peuple » des Gilets jaunes*

Qui sont les Gilets jaunes ? De quel « peuple » de Français s'agit-il ?

Une enquête réalisée auprès de personnes actives dans le mouvement des Gilets jaunes et ayant participé au moins à une manifestation ou à un blocage fait découvrir une population mixte (54 % d'hommes et 45 % de femmes), d'âge moyen (moyenne de 45 ans), avec un profil populaire (33 % sont employés, 14 % sont ouvriers, 10 % seulement étant professions intermédiaires et 5 % cadres et professions intellectuelles)[1]. De niveau d'études moyen (plutôt bacheliers et titulaires de CAP et BEP), les Gilets jaunes ont des revenus modestes (revenu médian du foyer : 1 700 euros par mois), ils sont souvent primomanifestants (47 %) et se mobilisent surtout pour des questions de pouvoir d'achat, de réduction des impôts et de meilleure distribution des richesses.

Très vite les revendications politiques s'imposent et font monter le mouvement en généralité (opposition au président de la République et au gouvernement, demande de réformes institutionnelles). Quand on élargit le cercle et que l'on s'intéresse aux Français qui « se disent Gilets jaunes », on retrouve les mêmes composantes avec une

1. « Gilets jaunes : une enquête pionnière sur la révolte des revenus modestes », *Le Monde*, 12 décembre 2018.

accentuation de la part des ouvriers et des professions indépendantes, une confirmation de la faiblesse du niveau d'études et une surreprésentation des métiers dits « pénibles ». Jérôme Fourquet en résume bien le portrait : « Déconsidérés socialement, éprouvés physiquement quotidiennement par leur travail et situés au dernier rang dans la fameuse chaîne de valeur, ce sont d'abord ces salariés invisibles qui ont endossé leur gilet jaune pour accéder à la reconnaissance, à la dignité et revendiquer des conditions de vie plus décentes[1]. » Une dernière caractéristique essentielle de leur profil est qu'ils sont très dépendants de la voiture au quotidien. Parmi les usagers automobiles, 30 % se disent « Gilets jaunes » tandis qu'ils ne sont plus que 9 % chez ceux qui ne sont pas du tout dépendants de la voiture. L'épicentre du mouvement réside dans le périurbain, là où l'usage de la voiture est indispensable et constitue un trait fédérateur entre les différents groupes sociaux qui le peuplent.

### *La question du nombre*

Lors de l'acte 1, les manifestants Gilets jaunes se comptèrent au nombre de 287 000. Jusqu'à l'acte 4 du 15 décembre, la barre des 100 000 manifestants fut dépassée pour ensuite connaître une érosion régulière jusqu'à l'acte 7 du 29 décembre (12 000 manifestants). Ensuite, la mobilisation connut un regain au début de l'année 2019 pour atteindtre un pic de 84 000 manifestants lors de l'acte 9 du 12 janvier. Depuis lors, la mobilisation n'a cessé de s'affaiblir, passant sous la

1. Jérôme Fourquet, « Gilets jaunes – Note n° 2. Les gilets jaunes : sociologie d'un mouvement hors norme », *Ifop Focus*, n° 191, février 2019.

barre des 20 000 manifestants à partir des actes 24 et 25 (4 et 11 mai). Le 15 septembre, pour l'acte 44 de la mobilisation, on ne compte plus que quelques milliers de participants aux divers rassemblements qui ont lieu à Paris, Toulouse ou Nantes.

Jamais un mouvement social n'avait réussi à mettre en œuvre avec succès une stratégie de manifestations régulièrement répétées durant plusieurs mois. Celle-ci a pu à la longue entraîner une inévitable usure des énergies manifestantes. Mais la question du nombre des Gilets jaunes ne peut être envisagée sur le seul terrain des effectifs manifestants. Cela serait trop réducteur. Le soutien d'opinion a compté et a donné un considérable écho au mouvement. En mars 2019, par exemple, 10 % des Français interrogés se définissaient comme « Gilets jaunes » et 47 %, sans se définir comme tels, déclaraient soutenir le mouvement ; seule une minorité (37 %) refusait toute identification ou soutien au mouvement[1]. Fin avril, une majorité de Français souhaitent que le mouvement de mobilisation s'arrête mais, en même temps, 50 % des personnes interrogées par l'institut Elabe continuent de soutenir ou expriment de la sympathie envers les Gilets jaunes. Ce soutien d'opinion a été et reste une ressource essentielle du mouvement. Un mouvement qui a su mettre en avant la revendication fédératrice de la démocratie directe omniprésente dans l'imaginaire politique de nombre de Français[2].

1. Sondage Viavoice/L'Observatoire de la démocratie pour la Fondation Jean-Jaurès et la *Revue civique*, mars 2019.

2. En janvier 2018, dans une enquête Viavoice/L'Observatoire de la démocratie, 55 % des Français pensaient que « multiplier » les référendums serait « utile à la démocratie », 71 % considéraient qu'un recours

## Le désir d'une démocratie directe immédiate

Dès les 42 mesures publiées par les Gilets jaunes le 29 novembre 2018 apparaît l'idée d'un référendum d'initiative populaire (nécessitant 700 000 signatures d'électeurs au moins) pour faire la loi, l'Assemblée nationale n'ayant qu'un rôle d'amendement et devant soumettre, un an après l'initiative citoyenne, la proposition de loi à un référendum. Dans l'appel de Commercy du 2 décembre 2018, le refus de toute représentation du mouvement des Gilets jaunes est affirmé : « Nous ne voulons pas de représentants qui finiraient forcément par parler à notre place [...]. Ce n'est pas pour mieux comprendre notre colère et nos revendications que le gouvernement veut des représentants : c'est pour nous encadrer et nous enterrer ! Si on nomme des représentants et des porte-parole, ça finira par nous rendre passifs [...]. Ne mettons pas le doigt dans l'engrenage de la représentation et de la récupération [...]. Si délégués il doit y avoir, c'est au niveau de chaque comité populaire local de gilets jaunes, au plus près de la parole du peuple[1]. » Au-delà du rejet de toute autoreprésentation s'affirme l'hostilité à toute représentation et porte-parolat dans un système politique qui se veut radicalement nouveau : « Il y a une chose très importante [...], c'est le pouvoir

plus fréquent à de simples consultations, notamment en ligne, était un bon moyen de régénérer la démocratie, et 64 % pensaient utile de « permettre à une assemblée de citoyens de démettre des élus ».

1. Joseph Confraveux *in* Collectif, *Le fond de l'air est jaune. Comprendre une révolte inédite*, Le Seuil, 2019, p. 112-113.

au peuple, par le peuple, pour le peuple [...]. Avec des mandats impératifs, révocables et tournants. » Tous les instruments de la démocratie directe sont mobilisés : initiative populaire, mandat impératif où les élus mettent en œuvre les directives du peuple, révocabilité des élus, système du tourniquet entre responsables issus de l'élection, comités populaires dans les quartiers... Le chercheur Luc Rouban montre la très grande popularité des procédures de démocratie directe dans l'ensemble de la population, et tout particulièrement chez les citoyens qui soutiennent les Gilets jaunes[1]. Si 69 % des Français sont fortement favorables à la démocratie directe, ce taux monte à 88 % parmi les personnes qui soutiennent les Gilets jaunes. Cette demande de démocratie directe se nourrit des déficits d'une démocratie représentative qui apparaît de plus en plus comme un régime politique d'élites professionnalisées.

## *La référence de 1789*

Cette contestation du système représentatif est d'autant plus virulente qu'elle entre en écho avec une culture révolutionnaire qui plonge ses racines en 1789[2]. Aux côtés de la tradition nationaliste, qui oppose le pays réel au pays légal, et de la tradition anarcho-syndicaliste et proudhonienne, qui croit au regroupement des producteurs en collectivités autonomes rejetant tout pou-

1. Luc Rouban, *La Matière noire de la démocratie*, Presses de Sciences-Po, 2019.
2. Gérard Grunberg, « Les "gilets jaunes" et la crise de la démocratie représentative », *Le Débat*, n° 204, mars-avril 2019.

voir central, la tradition jacobine et sans-culotte de la grande Révolution critiquant le principe même de la représentation apparaît fondatrice. En érigeant en clivage central celui qui oppose le peuple au monarque républicain qu'est Emmanuel Macron et à quelques privilégiés, le mouvement reprend le clivage révolutionnaire entre le peuple et le roi. C'est lors de cette rupture révolutionnaire que la notion de peuple prend toute sa charge historique : « En opérant, en 1789, une translation directe de la souveraineté du roi à celle du peuple, la Révolution a fait de ce peuple devenu souverain une entité indivisible et sans désaccords internes, imposant sa volonté unique comme la monarchie absolutiste l'avait fait avant lui[1]. » C'est ce peuple unifié que le mouvement sans-culotte a fait peu à peu évoluer vers un peuple constitué par une minorité agissante revendiquant le pouvoir de la rue (en 1793 celui des sections parisiennes). Cette minorité parle au nom de tout le peuple et n'accorde aucune place à ses ennemis. Toute représentation pluraliste du peuple est rejetée : « Le mot de représentant ne peut être appliqué à aucun mandataire du peuple car la volonté ne peut se représenter », déclare Robespierre le 16 juin 1793. Face à cette représentation politique qui ne peut que trahir la souveraineté populaire, l'insurrection devient un devoir. Le régime représentatif en tant que tel est alors menacé et atteint d'une grande fragilité constitutive. C'est cette dernière dont souffre le régime représentatif depuis plus de deux siècles : « Cette suspicion à l'égard des représentants s'est inscrite ainsi de manière durable

1. *Ibid.*, p. 96.

dans la culture politique française, y affaiblissant du même coup le principe du pluralisme politique qui est au cœur de l'idée libérale de représentation, et imposant une autre vision de la société opposant le peuple aux ennemis du peuple[1]. »

## *La passion épuratrice*

Cette vision se retrouve dans ces Gilets jaunes descendus dans la rue et revendiquant un peuple rassemblé dans sa commune aversion des élites et des privilèges. Celui-ci revendique alors une expression directe de son pouvoir et se méfie de tout représentant, à commencer par celles et ceux qui se réclament des Gilets jaunes. La protestation et parfois la violence s'imposent en lieu et place de la représentation.

Le 1er décembre, à l'issue d'une manifestation de Gilets jaunes au Puy-en-Velay, la préfecture est incendiée. Trois jours plus tard, le président de la République en visite dans cette préfecture est copieusement insulté : « Fils de pute », « Pourri »... Nombre de permanences de députés LaREM sont saccagées et certains d'entre eux sont menacés. Le 20 décembre 2018, le député LaREM de Haute-Saône vient au contact des Gilets jaunes manifestant devant la préfecture de Vesoul et est accueilli aux cris de : « Guillotine, guillotine ! »

En janvier 2019, le député LaREM Jean-François Mbaye reçoit une lettre menaçante et raciste : « De quel droit un Africain vient se mêler des problèmes de la France ? [...] Tu es ce qu'on appelle un "noir

1. *Ibid.*, p. 97.

de service" [...]. On va tout simplement te mettre une balle dans la tête [...]. Tu vas mourir ! » Le 8 février, la résidence bretonne du président de l'Assemblée nationale, Richard Ferrand, fait l'objet d'une tentative d'incendie. Dans la nuit du 24 au 25 mai, une quarantaine de Gilets jaunes viennent au Mans devant le domicile de la secrétaire d'État chargée de l'Égalité entre les femmes et les hommes et de la Lutte contre les discriminations en criant : « Schiappa, on est venus te crever ! »

Tous ces incidents porteurs d'une violence réelle ou symbolique témoignent de la vigueur de l'antiparlementarisme véhiculé par les Gilets jaunes. Le sociologue Olivier Galland, tout en reconnaissant la réalité du retour de la thématique de la lutte des classes, considère que la révolte antiélites est « bien plus grave qu'un conflit de classe [...] car elle touche au fondement du système démocratique[1] ». Cette suspicion permanente vis-à-vis de la représentation politique alimente la demande de démocratie directe. Les parlementaires, le président de la République, les partis politiques, les medias sont voués aux gémonies, et c'est sur leurs décombres que prospère une vague populiste menaçant le pouvoir présidentiel d'Emmanuel Macron. Celui-ci avait pourtant profité de cette volonté de « dégagisme » favorisant son élection en 2017. Mais, une fois élu, il a été rapidement associé au monde des élites et des représentants honnis. La chambre d'écho de l'antiparlementarisme révolutionnaire a produit un effet de souffle allant jusqu'à menacer

1. Olivier Galland, « Retour de la lutte des classes ou retour de l'antiparlementarisme ? », *Telos*, 17 janvier 2019, https://www.telos-eu.com/fr:politique-francaise-et-internationale/

directement le pouvoir en place. Tout cela au nom d'une démocratie directe vengeresse et qui elle aussi plonge ses racines dans l'histoire longue du pays. Envisagée non pas comme le complément de la démocratie représentative, elle est défendue en tant qu'alternative radicale à cette dernière, le peuple exerçant directement sa souveraineté sur tous les sujets et sans aucune médiation.

### *Une propension référendaire ancienne*

La panoplie de la démocratie directe est aussi ancienne que l'invention, à la fin du XVIII^e^ siècle, de la démocratie représentative. Dès la Constitution de l'an I (Constitution montagnarde de 1793), qui ne fut cependant jamais appliquée, les révolutionnaires éprouvèrent le besoin de doter le peuple d'un droit d'initiative et d'un droit de veto. Par la suite, les plébiscites napoléoniens, symbolisant un régime de césarisme démocratique, jetèrent un discrédit sur la procédure référendaire. Devenu l'instrument d'un pouvoir autoritaire, le référendum fut l'objet d'un véritable opprobre de la part de la tradition républicaine, sauf dans son usage épisodique en matière constituante. Cet opprobre fut levé par le général de Gaulle, et son recours à la consultation référendaire fut utilisé comme un moyen de ressourcer sa propre légitimité politique. Néanmoins, le référendum gaullien fut un symptôme d'un mouvement de « directisation » de la démocratie représentative[1]. Il permit de précipiter des évolutions politiques en 1958, 1961 et avril 1962, puis de contourner une

1. Laurence Morel, *La Question du référendum*, ouvrage à paraître aux Presses de Sciences-Po, 2019.

démocratie représentative hostile en octobre 1962. Son usage répété par la suite (1969, 1972, 1988, 1992, 2000, 2005) permit au souverain de s'exprimer directement sur de grandes questions politiques, quitte à deux reprises à dire « non » (1969, 2005). Symptôme et correctif d'une crise de représentation qui n'a cessé de monter en puissance, le référendum a connu un développement et une faveur certains dans l'opinion.

Depuis longtemps, donc, des mécanismes de démocratie semi-directe, de démocratie consultative ou encore de démocratie participative ont été sollicités ou inventés afin de contrebalancer les apories de la démocratie représentative, de réintroduire l'expression directe du peuple dans l'arène démocratique et pallier les risques de dérive oligarchique. La fin de l'année 2018 en porte la trace, mais dans un rapport assurément antagoniste à la démocratie représentative.

### *La haine de la représentation*

Tandis que les mobilisations des Gilets jaunes se poursuivent, cette réticence à toute représentation aboutit paradoxalement à une multiplicité de leaders plus ou moins reconnus (Priscillia Ludosky, Jacline Mouraud, Ingrid Levavasseur, Éric Drouet, Maxime Nicolle, Benjamin Cauchy, Christophe Chalençon...) et naissant au fur et à mesure du développement de la mobilisation. La lisibilité du mouvement en souffre beaucoup, et les dissensions entre eux tournent parfois à l'affrontement. Lorsque se fait jour, en janvier 2018, la volonté de certains Gilets jaunes de construire une liste de candidats pour les élections européennes, conduite par Ingrid Levavasseur, cette entreprise est aussitôt dénigrée par les autres leaders, qui y voient un « coup d'éclat médiatique » ou encore de l'« opportunisme ». Le 30 janvier, Cyrille, Gilet jaune, dénonce Ingrid Levavasseur comme « une arriviste qui a juste profité de la situation » : « Ce qui m'interpelle le plus, dit-il, c'est la vitesse à laquelle elle s'est retrouvée sur le devant de la scène. Qui est vraiment derrière elle ? »

En cela, le mouvement des Gilets jaunes est différent de la plupart des mouvements sociaux du passé. En 1936, le mouvement se reconnaît assez vite dans les organisations et les meneurs du mouvement ouvrier (Maurice Thorez, Benoît Frachon, Léon Jouhaux). En 1968, le mouvement étudiant, en dépit de sa diversité, débouche rapidement sur la mise en avant d'un trio de représentants qui parlera en son nom : Daniel Cohn-Bendit, Jacques Sauvageot et Alain Geismar. En décembre 1995, le mouvement de mobilisation contre le plan Juppé de réforme des retraites et de la Sécurité sociale trouvera un relais syndical immédiat dans la CGT, SUD et la FSU, ainsi que dans la figure médiatique du secrétaire général des cheminots CGT, Bernard Thibault.

### *La logique insurrectionnelle*

En 2019, faute de donner une direction au mouvement, c'est la logique insurrectionnelle qui s'impose. Comme le dit le philosophe Marc Crépon, « la violence reste la façon la plus efficace de revendiquer et de manifester son identité (sa différence) et [...] l'on ne fait jamais mieux entendre et voir qui l'on est (ou qui l'on veut être) que dans et par la violence[1] ». À Nîmes, le 22 décembre, une manifestation des Gilets jaunes se rassemble derrière une banderole rappelant l'article 35 de la Déclaration des droits de l'homme dans sa version de 1793 : « Quand le gouvernement viole le droit du peuple, l'insurrection est pour le peuple et pour chaque portion du peuple le plus sacré des droits et le plus indispensable des devoirs. » Dans cette perspective, les organisateurs du mouvement s'émancipent des règles encadrant les manifestations et refusent d'entrer dans une logique de compromis et de négociation. D'entrée de jeu, le mouvement se veut illégal ou en marge de la légalité, et il entend le rester. Les Gilets jaunes attendent le 11 janvier pour se soumettre à l'obligation de déclaration de leurs manifestations parisiennes et, dès le 24 janvier, reviennent sur cette obligation. Un même parfum de transgression règne sur l'ensemble du territoire national. Du nord au sud et d'est en ouest, les Gilets jaunes occupent des lieux stratégiques pour la mobilité automobile : ronds-points, péages d'autoroute, accès aux zones commerciales, tout cela dans une situation de parfaite illégalité.

L'historien Charles Tilly a bien montré comment, de 1600 à nos jours, la France n'a jamais cessé de connaître, avec une intensité variable selon les époques, des agitations populaires[2]. Les motivations, les formes et l'organisation des mouvements changent, les cibles

---

1. Marc Crépon, « Comment la violence flambe », entretien, *Le Monde Idées*, 12 janvier 2019.

2. Charles Tilly, *La France conteste de 1600 à nos jours*, Fayard, 1986.

varient (la monarchie, l'État, le capital...), mais la volonté de contestation et de transgression des cadres normatifs reste constante.

## *La souveraineté du peuple*

La souveraineté du peuple est l'expression de la « volonté générale » au sens où l'entendait Jean-Jacques Rousseau : « La souveraineté ne peut être représentée, par la même raison qu'elle ne peut être aliénée ; elle consiste essentiellement dans la volonté générale, et la volonté ne se représente point » (*Du contrat social*). Cette conception exige que le peuple s'exprime directement par les instruments de la démocratie directe et semi-directe : assemblée générale, référendum, pétition, élections avec mandat impératif ou, à la rigueur, mandat représentatif, mais à condition qu'il soit révocable, et enfin, en dernier recours, droit à l'insurrection. Les Gilets jaunes s'inscrivent pleinement dans cette tradition d'un peuple inclusif et unanime qui leur permet de se présenter en seuls représentants légitimes du peuple et d'exprimer sans autre médiation les revendications de celui-ci. Ils se présentent, en un raccourci saisissant, comme « le peuple ». Un seul et vrai peuple.

Le peuple est une catégorie très utilisée dans les discours politiques, car elle fait naître un double « charme », selon l'expression de la meilleure analyste de l'histoire du populisme, Margaret Canovan : « Le charme puissant du peuple [...] pour un politicien tient au fait que ce terme parvient à être à la fois vide de toute signification précise et riche de résonance rhétorique[1]. » De quoi sont faites ces résonances rhétoriques autour de la notion de peuple ? Chacun produit son peuple, mythe fondateur de son espace politique : le « peuple-nation », le « prolétariat », les « gens d'en bas », le « peuple de gauche »... Pierre Rosanvallon distingue trois usages principaux du mot peuple : le « peuple souverain », le « peuple des urnes » et le « peuple représenté[2] ». Le peuple n'est pas un, il est un sujet multiforme porteur d'identités sociales diverses. C'est cette diversité qui est refusée par les Gilets jaunes. À leurs yeux, seul le peuple souverain a une légitimité, les deux autres peuples trahissant le premier.

Cette appropriation de la souveraineté populaire va très vite déclencher une disqualification virulente tous azimuts, aussi bien des organisations politiques et syndicales traditionnelles, du président de la République lui-même, de toutes les assemblées élues ou encore des médias et des journalistes. Toute représentation verticale semble abolie au profit d'une communauté horizontale d'échanges d'informations et de mobilisation au travers des réseaux sociaux et des assemblées générales se tenant dans l'ensemble du territoire. C'est dans cette série de lieux réels ou virtuels que doit se dire la « volonté du peuple ». Cette communauté horizontale, largement animée par les réseaux sociaux, ne se soumet à la loi d'aucune organisation et entend rester en marge des communautés verticales

1. Margaret Canovan, *Populism*, Harcourt Brace Jovanovich, 1981.

2. Pierre Rosanvallon, *La Démocratie inachevée. Histoire de la souveraineté du peuple en France*, Gallimard, 2000.

de l'élection et de la représentation. Cela même si elle a besoin, pour faire trembler le pouvoir, d'une scène télévisuelle[1].

### *La mise en images*

Comme le constate la sociologue Monique Dagnaud, la mise en scène de la mobilisation des Gilets jaunes s'ajuste « magnifiquement à l'appétit d'images des chaînes d'information ». Pour accéder à celles-ci, le mouvement a opéré en trois temps. Le premier est celui « des braises allumées sur les réseaux sociaux, qui, pour des raisons qu'il est parfois difficile d'expliquer, induit une circulation virale ». Dans ce cadre, deux pétitions lancées en octobre et novembre à propos de la hausse du prix des carburants obtiendront assez rapidement plus d'un million de signatures sur Change.org. Le deuxième temps est l'occupation de lieux symboliques (les ronds-points, les péages d'autoroute...) qui vont offrir aux caméras un décor et un spectacle. Un slogan écrit sur les murs en témoigne : « Enfin, les ronds-points servent à quelque chose. » Troisième temps de la mise en scène : « une idéologie de la protestation, galvanisée par le Net, qui s'érige en contre-modèle de la démocratie représentative ». La mise en scène débouche sur un spectacle où une poignée de manifestants arrive à donner l'impression d'un embrasement général qui marquera le public et interpellera le pouvoir. L'inflexibilité du mouvement, l'omniprésence médiatique de leaders des Gilets jaunes construits largement par les médias

1. Monique Dagnaud, « Les gilets jaunes : une scène télévisuelle », *Telos*, 7 janvier 2019.

et le Net, ainsi que le soutien de l'opinion recensé par une litanie de sondages vont créer le sentiment d'un mouvement social irrésistible alors que la réalité est plus modeste, rapportée à un « lien électronique entre quelques têtes d'affiche (Éric Drouet, Fly Rider, un certain Ramous...) et des supporters ». C'est ce que Monique Dagnaud qualifie de « démocratie directe en peau de lapin », soit une démocratie qui se réduit à la communauté plus ou moins virtuelle qu'un meneur forme avec ses troupes.

Ainsi, tout en étant un mouvement social, les Gilets jaunes sont aussi un phénomène numérique. Le journaliste Roman Bornstein constate que « l'alliance du militantisme viral et de la presse a permis de construire la première force politique de Facebook en moins de trois mois[1] ». Le « compteur officiel de Gilets jaunes » sur Facebook marque 2 700 000 personnes en janvier 2019. Au-delà du nombre, l'analyse des messages montre une accumulation et une diversification de ceux-ci, qui vont des taxes sur le carburant au référendum d'initiative citoyenne en passant par l'obligation vaccinale ou encore l'impôt de solidarité sur la fortune. Les *fake news*, qui font monter les passions et la tension, sont nombreuses, et contribuent, en l'absence de modérateurs, à la radicalisation du discours. Maxime Nicolle diffuse ainsi plusieurs fausses nouvelles sur le pacte de Marrakech, concernant d'éventuels documents secrets « capables de faire tomber le gouvernement », ou encore sur l'attentat de Strasbourg du 11 décembre pré-

1. Simon Bornstein, « En immersion numérique avec les gilets jaunes », *Note de la Fondation Jean-Jaurès*, 14 janvier 2019.

senté comme une « manipulation du pouvoir ». Autre leader 2.0, Éric Drouet, légitimé par les audiences de ses vidéos sur Facebook Live, n'hésite pas, au-delà des appels à la mobilisation, à tenir des propos complotistes sur les « sionistes » et les « sémites ».

C'est ainsi que s'imposent, à partir de certains membres parmi les plus extrémistes de la communauté et les plus actifs sur les réseaux sociaux, des thèmes contribuant à un relatif enfermement informatif des Gilets jaunes qui les fréquentent et les utilisent. « Il suffit de s'inscrire dans deux ou trois des groupes de Gilets jaunes sur Facebook pour que, dès lors que l'utilisateur y est admis, 80 % de son fil d'actualité [soit] désormais composé de publications issues de ces groupes. Plus rien d'autre ne semble exister dans le monde en dehors de l'actualité des Gilets jaunes et des centaines de liens, de vidéos et de commentaires outrés auxquels l'internaute est exposé à chaque connexion[1]. » Cet enfermement est essentiel pour comprendre la virulence du mouvement et son jusqu'au-boutisme. N'oublions pas que la moitié des Français s'informent désormais uniquement sur Facebook[2]. Cette horizontalité de l'information peut donner l'impression qu'un nouvel espace public est en phase avec la demande de démocratie directe, qui s'exprime bien au-delà des seuls Gilets jaunes.

1. *Ibid.*

2. Arnaud Mercier *et al.*, « Facebook pour s'informer ? », in *Commenter et partager l'actualité sur Twitter et Facebook*, Maison des sciences de l'homme, 2017, p. 169-197.

## *Une demande des Français*

Les Gilets jaunes incarnent de façon absolutiste et radicale une demande croissante de démocratie directe dans la population des citoyens ordinaires. Dans la vague 10 du *Baromètre de confiance politique* du Cevipof réalisée en décembre 2018, 56 % des Français pensent que « ce sont les citoyens et non un gouvernement qui doivent décider ce qui leur semble meilleur pour le pays », et encore 52 % considèrent que « c'est le peuple qui devrait prendre les décisions politiques les plus importantes » ; 72 % estiment que « les citoyens devraient pouvoir imposer un référendum sur une question à partir d'une pétition ayant rassemblé un nombre requis de signatures » ; enfin, 70 % pensent qu'il devrait « y avoir des référendums sur la plupart des questions importantes ».

Cette expression d'une volonté de démocratie directe tous azimuts met à mal les institutions de la Vᵉ République fondées sur le principe de la représentation, même si la Constitution de 1958 précise dans son article 3 que « la souveraineté nationale appartient au peuple qui l'exprime par ses représentants et par la voie du référendum ». Mais, au-delà des vertus d'un référendum qu'ils veulent articuler à une initiative populaire, les Gilets jaunes proposent toute une série de mesures qui détricoteraient le système politique de la Vᵉ République : démission du président de la République, dissolution de l'Assemblée nationale, suppression du Sénat, Assemblée constituante populaire instaurant une VIᵉ République...

En février 2019, ce sont toujours des majorités fortes de Français qui approuvent l'initiative de proposition de loi par le peuple (77 %), le référendum-veto (73 %) ou encore le référendum révocatoire d'un mandat électif (68 %)[1].

Ces propositions institutionnelles qui dessinent un certain projet de radicalisation de la démocratie peuvent-elles déboucher sur une « démocratie continue » réintroduisant le peuple au cœur du dispositif politique[2] ? Au contraire, peuvent-elles menacer le projet démocratique lui-même en ouvrant la porte aux minorités actives et radicales souvent à la manœuvre dans les assemblées qui se tiennent au nom de l'expression des demandes de la base citoyenne ? La logique conseilliste qui semble inspirer le mouvement des Gilets jaunes n'est pas une garantie du triomphe de la démocratie directe[3]. Dans son rejet de toutes les médiations, ce mouvement n'est pas exempt de pulsions populistes pouvant nourrir davantage l'attraction pour les régimes autoritaires que l'approfondissement de la démocratie. En janvier 2018, selon le *Baromètre de confiance politique* du Cevipof, 42 % des Français considèrent qu'avoir « à sa tête un homme fort qui n'a pas à se préoccuper du Parlement ni des élections » serait une bonne chose pour le pays. La dénonciation réitérée par la démocratie directe radi-

1. *Les Français et le référendum d'initiative citoyenne*, Ifop, 6 février 2019, https://www.ifop.com/

2. Dominique Rousseau, *Radicaliser la démocratie. Propositions pour une refondation*, Le Seuil, 2015.

3. Le conseillisme est un courant marxiste qui s'est opposé au début du XX^e siècle au marxisme léninisme et prônait une démocratie directe à la base sous forme de conseils ouvriers.

cale des parlementaires et du processus électif peut aussi déboucher non sur une démocratisation de la démocratie, mais sur un régime illibéral et autoritaire. C'est un danger.

## Cultures populaires, cultures populistes

La caractéristique des populismes est qu'ils affirment être les seuls à représenter ce qu'ils désignent comme le « vrai peuple ». Ils prétendent au monopole de la figuration du peuple et sont persuadés d'être « les cent pour cent[1] ». Les Gilets jaunes s'inscrivent dans cette vision populiste parce qu'exclusive et excluante qui ne cesse de gagner toutes les démocraties depuis vingt ans.

### *Un populisme sans chef*

Le populisme peut se définir en deux traits principaux : d'une part, la coupure entre le peuple paré de toutes les vertus et des élites chargées de tous les maux, d'autre part, un chef ayant la capacité d'incarner le peuple et d'exprimer directement ses intérêts. Parce qu'il rejette la figure du chef, le populisme des Gilets jaunes n'est donc que la moitié du populisme. Les catégories du populisme sont utilisées, notamment le « dégagisme » qui s'exprime avec une volonté farouche de « sortir les sortants ». Le slogan « Macron, dégage » fleurit sur les murs de Paris et des grandes villes, et

1. Jan-Werner Müller, *Qu'est-ce que le populisme ? Définir enfin la menace*, Premier parallèle, 2016.

sur les gilets jaunes des manifestants. Ceux-ci veulent surtout démettre le président, mais ne donnent forme à aucune autre figure prenant sa place. Les parlementaires n'y échappent pas non plus. Sur les Champs-Élysées, une banderole ouvre une manifestation : « Élus, vous rendrez des comptes ! »

L'antiélitisme se porte surtout sur le personnel politique, mais peu sur les élites sociales et surtout économiques. Les acteurs que sont les patrons et les entreprises sont peu dans la ligne de mire. Le poids des professions indépendantes (artisans, commerçants, petits patrons) dans le mouvement des Gilets jaunes, particulièrement dans sa phase de démarrage, est important et a laissé son empreinte. En effet, une étude de l'Ifop relative aux soutiens d'opinion de ce mouvement met au jour un fait inédit : l'alliance des travailleurs indépendants et des salariés. En janvier 2019, 31 % des ouvriers et 23 % des employés s'affirment eux-mêmes Gilets jaunes, tout comme 25 % des travailleurs indépendants. Cette alliance du salariat modeste, de la petite entreprise et du petit commerce est inédite et se réalise surtout dans les territoires périphériques situés à 40-60 kilomètres des grandes agglomérations. Pour le philosophe politique Denis Maillard, cette composition sociale particulière du mouvement donne à la mobilisation des Gilets jaunes une dimension politique nouvelle. Il s'agit peut-être de « la première d'une série de révoltes individualistes hors de tout cadre institutionnel ou social[1] ». Ces révoltes se définissent davantage par ce qu'elles rejettent que par ce qu'elles proposent.

1. Denis Maillard, *Une colère française*, Éditions de l'Observatoire, 2019.

Ce partage de croyances et de rumeurs aide à la cohésion collective des Gilets jaunes. Tous ceux qui ne sont pas avec ce « nous » constitué des petits et moyens indépendants et salariés sont désignés comme des « ennemis ». Ne subsistent en extériorité au « peuple » que les riches, les élites, les gros qu'il faut faire payer par le biais de l'impôt (retour de l'ISF, fin des privilèges avec la disparition du CICE – Crédit d'impôt pour la compétitivité et l'emploi –, renforcement de la progressivité de l'impôt sur le revenu) et de la taxation. Au cœur de cette grille de lecture s'installe une logique de guerre où la question du pluralisme est posée. Le mythe de l'unicité du peuple évite de penser ses différences et a pour fonction de dépasser la relative hétérogénéité sociale du mouvement.

Dans un contexte où l'identité collective des couches populaires s'est affaiblie, le mouvement des Gilets jaunes a replacé celles-ci dans l'espace social et politique, entamant un travail de reconstruction d'une unité à partir du clivage opposant un « eux » des élites et un « nous » du peuple[1]. D'une certaine manière, le mouvement se vit comme une transformation de révoltes individuelles en un mouvement collectif. Un slogan vu sur les murs de Paris, à l'issue d'une manifestation, est emblématique : « Fin du moi, début du nous. » Cette unité se fait autour du vécu d'une position dominée dans la société, de la forte contrainte économique que les couches populaires subissent et de la profonde défiance

1. Nicolas Duvoux, « La perspective d'une réunification d'un bloc populaire inquiète les politiques », entretien, *Le Monde*, 8 février 2019.

qu'elles ressentent face au monde des dominants. Un grafitti dessiné par un manifestant sur les murs parisiens revendique explicitement une appartenance à « la France d'en bas ».

## *Une défiance généralisée*

Les Gilets jaunes appellent de leurs vœux le retour de la confiance, mais leur perception générale de la société est empreinte de défiance. En cela, leur colère vient de loin. Elle s'enracine dans un mouvement profond que le *Baromètre de confiance politique* du Cevipof mesure depuis dix ans. En janvier 2019, la défiance atteint des sommets. Consultées sur les qualificatifs qui caractérisent le mieux leur état d'esprit, les personnes interrogées mettent en avant la lassitude (32 %), la morosité (31 %) et la méfiance (29 %)[1]. À part les maires, l'ensemble des représentants et des organisations politiques fait l'objet d'un large rejet : 85 % des personnes interrogées considèrent que « les responsables politiques se préoccupent peu ou pas du tout de ce que pensent les gens comme eux ». C'est dans le contexte de cette défiance majeure que le mouvement prend naissance et se développe. Mais celle-ci n'est pas nouvelle. Dès 2007, les économistes Yann Algan et Pierre Cahuc avaient mis au jour la « société de défiance » et la manière dont le

1. *Baromètre de confiance politique, vague 10. En quoi les Français ont-ils confiance aujourd'hui ?*, étude du Cevipof réalisée du 13 au 24 décembre 2018 auprès d'un échantillon de 2 116 personnes inscrites sur les listes électorales issu d'un échantillon de 2 251 personnes représentatif de la population française âgée de 18 ans et plus, janvier 2019.

modèle social français s'autodétruit[1]. Les Français, plus que d'autres, se méfient de leurs concitoyens, de l'État et du marché.

Cette défiance va de pair avec un incivisme fréquent dont on retrouve des traces dans les mouvements de désobéissance civile qui accompagnent la contestation de l'impôt. Les graffitis et les inscriptions sur les gilets jaunes portés par les manifestants font en masse référence aux taxes, aux impôts et à l'impuissance des pouvoirs à faire baisser la pression fiscale : « Droite, gauche = taxes », « Ras le bol. Arrêtez de nous pomper », « Halte au racket : indignez-vous »...

Le complotisme construit la surpuissance d'un adversaire (les riches, les laboratoires pharmaceutiques, le forum de Davos, l'État, la CIA, le sionisme...) qui agit dans l'ombre. Dans une grande enquête de la Fondation Jean-Jaurès et de Conspiracy Watch, on s'aperçoit que nombre de Français se déclarant Gilets jaunes n'ont pas adhéré à la version officielle de l'attentat de Strasbourg perpétré le 11 décembre 2018 qui a causé la mort de cinq personnes et en a blessé onze autres. La version officielle d'un individu radicalisé (Cherif Chekatt, sympathisant de l'organisation djihadiste État islamique), est très clairement contestée. À peine la moitié d'entre eux y adhèrent (48 % contre 65 % dans l'ensemble de la population), et 23 % y voient carrément une manipulation du gouvernement pour briser la mobilisation et détourner l'attention de l'opinion publique du mouvement. Sur une échelle de Bruder qui reprend cinq

1. Yann Algan, Pierre Cahuc, *La Société de défiance. Comment le modèle social français s'autodétruit*, Éditions Rue d'Ulm, 2007.

affirmations complotistes, 57 % de ceux qui s'identifient aux Gilets jaunes partagent les cinq affirmations (38 % dans l'ensemble de la population)[1].

### *Ras-le-bol fiscal et sentiment de mépris*

La fronde antifiscale bénéficie en France d'une assez grande légitimité[2]. Les révoltes fiscales d'origine paysanne ont secoué le pays dès le XVI^e^ siècle et s'inscrivent dans un contexte plus général de « guerre des pauvres[3] ». Retraçant la mobilisation des gueux du Saint-Empire sous la houlette du prédicateur millénariste Thomas Müntzer, Éric Vuillard écrit : « C'était bien les paysans qui se soulevaient. À moins d'appeler Dieu la faim, la maladie, l'humiliation, la guenille. Ce n'est pas Dieu qui se soulève, c'est la corvée, les censives, les dîmes, la mainmorte, le loyer, la taille, le viatique, la récolte de paille… » Jean Nicolas décrit les rébellions contre l'impôt dans la France d'Ancien Régime : « Les poings se tendent, les bouches se tordent, les bâtons fouettent l'air, les pierres volent bas, le sang coule, les feux rougeoient[4]. » La protestation contre les taxes et les impôts a aussi joué un rôle prédominant dans la rupture

1. *Enquête sur le complotisme, vague 2,* Ifop pour la Fondation Jean-Jaurès et Conspiracy Watch, sondage réalisé auprès d'un échantillon de 1 506 personnes représentatif de la population française âgée de 18 ans et plus, questionnaire autoadministré du 21 au 23 décembre 2018.

2. Nicolas Delalande, « Le consentement à l'impôt en France : les contribuables, l'administration et le problème de la confiance », *Revue d'histoire moderne et contemporaine,* n° 56-2, 2009.

3. Éric Vuillard, *La Guerre des pauvres,* Actes Sud, 2019.

4. Jean Nicolas, *La Rébellion française. Mouvements populaires et conscience sociale, 1661-1789,* Le Seuil, 2002.

révolutionnaire de 1789. Et, à la fin du XIX^e^ siècle, les ligues de contribuables se mobilisèrent contre les prétentions fiscales de l'État républicain et prolongèrent leur action au début du XX^e^ siècle lors de la création de l'impôt sur le revenu (loi Caillaux en 1907). Le mouvement poujadiste dans les années 1950, celui de Gérard Nicoud dans les années 1960-1970, celui des Bonnets rouges en 2013 sont autant de surgeons de cette sensibilité à la question fiscale.

En 2018, la question fiscale (en l'occurrence les taxes sur les carburants) est le point de cristallisation du mouvement des Gilets jaunes. L'impôt n'est légitime qu'à la condition d'être consenti. La pétition que lance Priscillia Ludosky en décembre 2018 et qui dépassera les 1 200 000 signatures, s'intitule : « Pour une baisse des prix du carburant à la pompe ! » C'est ainsi qu'on retrouve au cœur du démarrage du mouvement un positionnement libertarien contre l'État fiscal et la pression qu'il exerce sur les individus.

La chanson « Gilet jaune » du rappeur amateur Kopp Johnson, qui est devenue la plus populaire du mouvement, est entièrement consacrée à la question fiscale : « J'ai voulu mettre l'essence (c'est trop cher) / J'ai payé les taxes (c'est trop cher) / Faut cotiser par-ci (c'est trop cher) / Faut cotiser par-là (c'est trop cher). » Une autre chanson, écrite par le rappeur D1ST1, « La rage du peuple, je la vois tous les samedis », exprime toute la colère mais aussi la désespérance qui animent la mobilisation : « On n'a plus un franc, de quoi remplir un Caddie / [...] / Il suffisait de quelques Gilets jaunes pour qu'on se bouge, qu'on se mobilise / [...] / Ils disent que le mouvement s'essouffle alors qu'on crève tous de faim. » Analysant les sketches comiques d'Anne-Sophie Bajon, qui rencontrent un grand succès sur YouTube, le politologue Jérôme Fourquet constate la présence du ras-le-bol fiscal et un lexique qui véhicule une vision du monde qu'on peut qualifier de populiste, c'est-à-dire « anticapitaliste, plutôt ancrée à droite par sa défense des petits entrepreneurs, très critique vis-à-vis des élites politiques et économiques, sensible à l'idée d'une oligarchie omnipotente qui se taille la part du lion et modèle les lois pour son seul profit, laissant un peuple exsangue[1] ». Le rejet des élites économiques est davantage le rejet des grandes entreprises et du capitalisme mondialisé que celui des petites et moyennes entreprises.

Ainsi, la culture populaire des Gilets jaunes s'affirme-t-elle contre une culture légitime s'adressant aux catégories sociales intellectuelles et diplômées. À l'occasion de ce mouvement qui cherche ses moyens d'expression, on constate la profondeur de la faille ouverte entre les « élites » et le « peuple ». Comme le dit Danièle Sallenave, qui insiste sur la différence entre mai 1968 et le mouvement des Gilets jaunes : « Comme le mouvement des Gilets jaunes, celui de Mai a surpris, déstabilisé, désorienté la classe politique, les représentants de la classe ouvrière. Mais il partait des jeunes d'en haut, les étudiants. Mai 68, c'est l'entrée du "sociétal" dans la politique française. Les Gilets jaunes viennent d'en bas et, avec eux, c'est le retour du social[2]. » Ce retour du

1. Jérôme Fourquet, « Gilets jaunes – Note n° 5. La playlist des gilets jaunes : l'univers culturel fragmenté de la France populaire », *Ifop focus*, n° 194, février 2019.

2. Danièle Sallenave, *Jojo, le Gilet jaune*, Gallimard, « Tracts », n° 5, 2019.

social se heurte à un mépris de classe particulièrement sensible dans la lecture que le porte-parole du gouvernement, Benjamin Griveaux, fait du mouvement à ses débuts lorsqu'il accuse la droite de Laurent Wauquiez de soutenir « les gars qui fument des clopes et qui roulent au diesel[1] ». Les petites phrases d'Emmanuel Macron ont heurté à plusieurs reprises l'opinion et instillé l'idée d'un président dédaignant les catégories populaires. En septembre 2014, évoquant les salariées de l'abattoir Gad à Lampaul-Guimiliau dans le Finistère, il parle d'« une majorité de femmes pour beaucoup illettrées ». S'adressant le 27 mai 2016 à un jeune ouvrier qui lui dit qu'il « n'a pas les sous pour se payer un costume », le futur président rétorque : « Vous n'allez pas me faire peur avec votre T-shirt, la meilleure façon de se payer un costard, c'est de travailler. » Le 2 juillet 2017, lors de son discours d'inauguration de la station F, où un millier de start-up sont accueillies, il lance : « Une gare, c'est un lieu où on croise des gens qui réussissent et des gens qui ne sont rien. » En septembre 2017, confronté à un mouvement social contre la réforme du code du travail, il affirme depuis Athènes qu'il ne cédera « ni aux fainéants, ni aux cyniques, ni aux extrêmes ». Enfin, le 12 juin 2018, il déclare que l'on « met un pognon de dingue dans les minima sociaux » pour, quelques semaines plus tard, mentionner le « Gaulois réfractaire au changement ».

Toutes ces références vont être reprises par les Gilets jaunes pour dénoncer la distance sociale et culturelle

1. Le 29 octobre 2018, Benjamin Griveaux déclare au *Journal du dimanche* : « Wauquiez, c'est le candidat des gars qui fument des clopes et qui roulent au diesel. Ce n'est pas la France du XXIe siècle que nous voulons. »

qui les sépare du président élu en mai 2017. Non seulement les catégories populaires (ouvriers et employés) sont largement absentes de la représentation politique, mais en plus elles ont l'impression que le premier des élus, le président de la République, contribue à leur stigmatisation. Cette forme d'exclusion et ce sentiment de rejet sont propices à la diffusion d'un populisme qui, pour l'historien Bronisław Geremek, « exploite l'absence du peuple sur la scène publique[1] ».

## Plus qu'un mouvement social : une volonté de rupture avec le système politique

En dépit des échos que le mouvement des Gilets jaunes peut rencontrer dans l'histoire des grands mouvements sociaux en France, et malgré les prémices qui pouvaient l'annoncer de longue date, la mobilisation de la fin de l'année 2018 a pris tout le monde par surprise. Et elle a surpris aussi parce que ses principaux acteurs ne sont pas les acteurs habituels de la contestation sociale et politique.

Le mouvement politise des citoyens dont on voit bien contre quoi ils se mobilisent, mais dont les objectifs de changement social et politique restent plus difficiles à cerner. Cette forme de « politisation négative » exprime d'abord une culture politique du rejet et de la dénonciation[2].

1. Bronisław Geremek, « Europe : et si on changeait le contexte ? », *Le Monde*, 27 juin 2008.

2. Jean-Louis Missika, « Les faux-semblants de la dépolitisation. Notes sur l'évolution de l'opinion française », *Le Débat*, n° 68, 1992.

Associée à une crise sans précédent des identifications et des affiliations sociales et politiques, elle s'était déjà manifestée avec beaucoup de force lors du mouvement social de l'hiver 1995 interprété par Alain Touraine comme un « mouvement du grand refus[1] ». Un refus du plan Juppé sur les retraites des fonctionnaires et la Sécurité sociale, mais, au-delà, d'une société néolibérale faisant de la lutte contre les déficits publics une priorité.

Faute d'élaboration politique ou d'insertion dans un registre idéologique déjà existant, ce type de mouvement privilégie l'action. Le mouvement des Gilets jaunes va ainsi développer pendant des semaines une série de mobilisations très concrètes : des plus pacifistes et bon enfant, lors de l'occupation des ronds-points qui se transforment en nouveaux forums et en lieux de reconstruction du lien social et d'une convivialité perdue (dimension d'utopie sociale), aux plus radicales, potentiellement violentes, lors des manifestations instaurées de façon rituelle tous les samedis (dimension de révolte politique). Apparaît une scansion d'un nouveau temps politique découpé en actes, une forme de dramaturgie qui fixe l'agenda politique et médiatique du gouvernement et du pays tout entier. La colère caractéristique de ce mouvement social peut se mettre en scène et s'inventer un mode de progression au fur et à mesure de la succession des actes manifestants[2]. Selon le

---

1. Alain Touraine *et al.*, *Le Grand Refus. Réflexions sur la grève de décembre 1995*, Fayard, 1996.

2. Un des slogans populaires inscrits sur les calicots des manifestations de Gilets jaunes est : « Gilets jaunes, colère noire ». Une étude lexicologique de 180 slogans des Gilets jaunes recensés par *Le Figaro* du 17 novembre au 7 décembre montre trois registres dominants : celui de la démission de

philosophe Peter Sloterdijk, colère et temps s'articulent dans la mesure où « le patrimoine de colère n'est plus accumulé par hasard et dépensé occasionnellement ; il se transforme en objet d'une production prenant la forme d'un projet et de son entretien[1] ». La promesse de la démocratie représentative a été de contenir les passions – la colère, la haine, le ressentiment – en offrant à chacun la possibilité d'exprimer sa voix. La démocratie des Gilets jaunes montre les limites de cette pacification politique et le retour d'une colère des « perdants » pouvant s'exprimer dans la violence. Comme l'écrit Peter Sloterdijk : « Les temps modernes ont inventé le perdant. Ce personnage que l'on rencontre à mi-chemin entre les exploités d'hier et les superflus d'aujourd'hui et de demain est la figure incomprise dans les jeux de pouvoir des démocraties. Tous les perdants ne se laissent pas tranquilliser [...]. Leurs rancœurs ne se tournent pas seulement contre les vainqueurs, mais aussi contre les règles du jeu. »

Dans une enquête réalisée auprès de plus de 1 400 Gilets jaunes présents sur les réseaux sociaux et déclarant participer ou soutenir le mouvement, les auteurs recensent un fort sentiment de colère vis-à-vis des « différences entre les riches et les pauvres », mesuré par une note moyenne de 7,7 sur une échelle de 0 à 10[2]. La volonté de justice sociale est massive, puisque

---

Macron (Macron, démission, Manu, dégage), celui de la colère (Stop, colère, ras-le-bol, Non, *All Cops Are Bastards*) et celui des taxes comme symbole de l'exploitation (taxes, voleurs, peuple, bas, peuple, pognon).

1. Peter Sloterdijk, *Colère et temps. Essai politico-psychologique*, Libella-Maren Sell, 2007.

2. « Les valeurs politiques des Gilets jaunes », *Le Monde*, 27-28 janvier 2019.

87 % adhèrent à l'idée que, « pour établir la justice sociale, il faudrait prendre aux riches pour donner aux pauvres » (environ 20 points de plus que la moyenne des Français). À cette radicalité sociale s'ajoute une radicalité politique : 93 % des Gilets jaunes interrogés sont d'accord avec l'opinion selon laquelle « le peuple et pas les responsables politiques devrait prendre les décisions les plus importantes », ce qui n'est le cas que de 50 à 60 % des Français dans les enquêtes récentes ; 95 % enfin sont d'accord avec l'opinion selon laquelle « les responsables politiques parlent beaucoup et agissent trop peu ».

La défiance politique atteint des niveaux très élevés chez les Gilets jaunes, même si elle s'inscrit dans un mouvement global dans l'ensemble de la population, amplifié par l'accélération du temps politique. Gilles Finchelstein parle d'une « dictature du temps » où tout s'accélère, de la vie personnelle à la vie professionnelle en passant par la vie publique[1]. Cette vitesse peut avoir des effets positifs (adaptation aux nouvelles technologies, accélération de la circulation de l'information, démocratisation de la connaissance), mais aussi des effets négatifs parmi lesquels la délégitimation du pouvoir et la déstabilisation de la démocratie.

## *Une nouvelle grammaire de l'action*

Dans leur occupation des ronds-points, les Gilets jaunes tentent de faire émerger « des lieux de fixité sur un système réticulaire de flux qui redistribue sans cesse[2] ».

1. Gilles Finchelstein, *La Dictature de l'urgence*, Fayard, 2011.
2. Marion Dupont, « Rond-point. Petite histoire du carrefour giratoire et de ses usages politiques », *Le Monde*, 1er février 2019.

Cette immobilité introduite au cœur d'un des symboles de la société de la mobilité permet la reconstitution d'un espace public, celui du forum, un lieu de rencontre où se tissent des échanges et où s'ébauchent des débats. Cette utilisation du rond-point est en rupture avec sa destination première (réguler le trafic) et n'a jamais existé auparavant. C'est là une réelle invention du mouvement des Gilets jaunes qui, en l'absence de traditions et de repères idéologiques forts, s'est doté d'une symbolique nouvelle de lieux entrant chacun en résonance avec les autres (ronds-points, routes, autoroutes, péages, rues…), ainsi que de repères temporels marqués par la répétition (litanie des actes manifestants). Toute une grammaire de l'action du mouvement des Gilets jaunes a ainsi été créée *ex nihilo*. Le registre émotionnel et affectif y est prédominant. S'y expriment, comme le pointe le sociologue François Dubet, un ensemble de « passions tristes » comme la haine, la peur, la colère ou encore la violence[1]. En effet, le creusement des inégalités et la transformation de leur nature ont entraîné une mutation de la souffrance sociale. Celle-ci a quitté la scène des luttes collectives et est ressentie au travers d'injustices individuelles et de tout un ensemble de discriminations mettant en cause la valeur de soi.

« La longue tendance de la réduction des inégalités s'est interrompue. Il se crée une caste de super-riches, et en même temps la structuration des inégalités, à peu près cohérente et organisée, explose, ce qui rend fou, parce qu'on va se mettre à se comparer en permanence,

1. François Dubet, *Le Temps des passions tristes. Inégalités et populisme*, Le Seuil, 2019.

à se sentir responsable », analyse François Dubet. Ne pouvant désigner clairement des adversaires à combattre, les individus sont animés par un ressentiment auquel vient s'alimenter le populisme. Le ressentiment des Gilets jaunes connaît ainsi quelques abcès de fixation : la haine d'Emmanuel Macron associée à toutes les petites phrases qui ont ponctué les débuts de sa présidence, l'épouse du président qualifiée de « Marie-Antoinette », les riches, les beaux quartiers pris pour cible, les lieux de fréquentation de la *jet society* (le Fouquet's), les banques et les commerces de luxe...

Faute de canalisations idéologiques, le mouvement est porté plus que d'autres par des passions, celles d'une foule en colère et chargée d'émotions. Le philosophe Denis Maillard considère que le mouvement des Gilets jaunes a été rendu possible par la disparition de corps intermédiaires (partis, syndicats...), qui pendant des décennies ont été porteurs d'intérêts spécifiques et d'un langage idéologique pour les exprimer[1]. Faute de ce dernier, les émotions vont s'y substituer et va s'installer un discours de dénonciation des corps intermédiaires qui rappelle, à certains égards, le discours d'Emmanuel Macron, candidat à la présidence de la République, dénonçant les partis et les syndicats traditionnels. Paradoxalement, les Gilets jaunes de 2018-2019 partagent un même imaginaire que les adhérents de La République en marche en 2016-2017. Cependant, dans son jusqu'au-boutisme populaire et en l'absence de porte-parole et de négociations qui pourraient contribuer à calmer les passions, le mouvement

1. Denis Maillard, *Une colère française, op. cit.*

véhicule une colère qui n'a pas de raisons de s'arrêter, jusqu'à s'abîmer dans la violence.

Le mouvement se fige ainsi dans la dénonciation récurrente de boucs émissaires sans entraîner d'autres modes de ralliement des hommes et des femmes lancés dans la protestation. « On ne donne plus sa voix à une organisation, on donne de la voix. La colère ne se refroidit plus ; au contraire, elle est devenue bonne conseillère[1]. »

Traditionnellement, les mouvements sociaux contestent l'économie de marché, dénonçent le partage de la valeur ajoutée dans l'entreprise et mettent en cause les conditions de travail. Les Gilets jaunes, quant à eux, revendiquent surtout de vivre dignement de leur travail. Les livreurs, les magasiniers, les caristes, les petits patrons des transports ou de la distribution, les autoentrepreneurs, les infirmières, les aides-soignantes, les petits retraités… tout ce peuple d'invisibles essentiel pour le fonctionnement de la société, y compris dans sa dimension marchande, est à la recherche d'une visibilité que le mouvement des Gilets jaunes va lui apporter.

## La violence au rendez-vous

Au début du mouvement et des premières manifestations de fin novembre et décembre, le ministre de l'Intérieur tente de rabattre la violence sur la seule extrême droite qui aurait infiltré le mouvement. Le

1. « Les Gilets jaunes : première révolte d'une société où les corps intermédiaires ont disparu ? », entretien avec Denis Maillard, *Le Figaro.fr*, 22 mars 2019.

24 novembre, Christophe Castaner évoque une « mobilisation de l'ultradroite » et accuse la présidente du Rassemblement national qui avait invité les manifestants à venir sur les Champs-Élysées alors que la place de la Concorde était interdite au mouvement. Cette réduction de la violence aux seuls groupuscules d'extrême droite n'emporte pas la conviction et cache le fait que, au-delà des activistes d'extrême gauche et d'extrême droite, la violence touche des individus sans étiquette politique précise et souvent primomanifestants. L'émeute violente qui se substitue à la manifestation n'est pas le propre de l'ultradroite ou de l'ultragauche, ou encore des jeunes des cités qui, en fin de manifestation, peuvent rejoindre les casseurs dans une volonté d'appropriation violente de biens issus des pillages de magasins.

À la suite des violences, les gardes à vue et les arrestations vont se multiplier. Début avril, on comptera plus de 9 000 gardes à vue et environ 2 000 condamnations. Un examen des personnes interpellées au début du mois de décembre montre la porosité du mouvement des Gilets jaunes à la violence, et surtout le fait que l'immense majorité des individus violents ayant fait l'objet d'une interpellation et d'une comparution immédiate au tribunal sont des Gilets jaunes[1]. On constate, parmi les interpellés, une surreprésentation des milieux ouvriers, des travailleurs manuels et du bâtiment ainsi que des salariés travaillant dans les entrepôts des zones périurbaines (caristes, manutentionnaires).

1. Jérôme Fourquet, « Gilets jaunes – Note n° 3. Usage et rapport à la violence du mouvement des Gilets jaunes », *Ifop Focus*, n° 192, février 2019.

Ces violences se déroulent sur l'ensemble du territoire, au-delà de Paris, gagnant le tissu de villes et petites villes de province dont certaines n'avaient jamais connu d'explosion de violences manifestantes : Bordeaux, Nantes, Marseille, Toulouse, Le Puy-en-Velay, Saint-Avold, Narbonne, Calais, Beauvais, Rouen, Évreux… Leur diffusion est d'autant plus forte que le mouvement des Gilets jaunes n'a prévu aucun service d'ordre encadrant les manifestations et que les leaders autoproclamés ne condamnent pas les débordements qui se produisent. Maxime Nicolle, par exemple, justifie celle-ci en présentant en mars son analyse des violences parisiennes : « Elles sont l'œuvre des black blocs, mais aussi, c'est vrai, de Gilets jaunes. Mais cette violence est la réponse à celle d'un gouvernement qui ne fait rien [pour] les plus démunis. »

Le mouvement des Gilets jaunes laisse la place à une violence qui va donner du contenu et une liturgie au mouvement : la violence comme exutoire de la colère sociale, la violence comme réponse à la violence d'État, la violence comme processus de victimisation, la violence comme instrument de cohésion du groupe…

Peu à peu, la croyance en l'expression d'une protestation continue, prête à exprimer la violence tout autant qu'à l'affronter, va s'imposer. Il s'agit pour les Gilets jaunes de ne pas céder à la tentation du compromis et de ne pas rendre les armes. La violence a fait changer la nature du mouvement qui pratique une fuite en avant, au risque même de se retrouver cantonné dans le rôle d'une minorité active, voire activiste. Un retournement du principe de légalité a pu opérer. Celui-ci n'est plus du côté du pouvoir et des forces de l'ordre, ni même de la justice. La légalité est du côté du peuple incarné par les Gilets jaunes. Le droit a changé de camp pour laisser la place à un processus quasi révolutionnaire. Celui-ci connaît semaine après semaine un étiolement de ses participants, mais paradoxalement une résistance étonnante de ses soutiens dans l'opinion.

Au-delà des violences manifestantes, celles contre les parlementaires de la majorité sont extrêmement nombreuses et s'inscrivent dans une tradition d'antiparlementarisme récurrente depuis le XIXe siècle. À la fin du XIXe siècle, le parlementarisme naissant de la IIIe République avait été contesté par le boulangisme et le nationalisme intégral d'Action française. Puis, à nouveau dans les années 30, les ligues et, dans les années 50, le poujadisme avaient joué de cet antiparlementarisme. Mais, sous la Ve République, jamais l'antiparlementarisme n'avait pris un tour aussi violent dans les mots comme dans les faits[1]. Saccages de permanences parlementaires, menaces verbales contre des députés, dégradations de leurs résidences vont ponctuer les mois d'intense mobilisation des Gilets jaunes et se poursuivent encore aujourd'hui[2]. L'ire antiparlementaire va se déplacer vers le président de la République qui fera l'objet de mises à mort symboliques, et vers les « riches » devant craindre pour leurs biens et leurs personnes. Quelques slogans glanés sur les murs sont

---

1. « Des violences sans équivalent sous la Ve », entretien avec Christophe Bellon, *Le Monde*, 12 février 2019.

2. Pendant l'été 2019, les saccages de permanences parlementaires se sont poursuivis, et au 8 août *Le Figaro* comptait que 121 députés avaient ainsi été ciblés depuis leur élection en juin 2017, soit un cinquième de l'Assemblée nationale.

évocateurs : « Sortez les guillotines », « On a coupé les têtes pour moins que ça », « Pour Noël, ne faites pas les vitrines, cassez-les », « Pas de Cartier pour les riches »…

## *La violence et l'opinion*

Ces violences répétées semaine après semaine vont entraîner une condamnation dans l'opinion sans pour autant altérer profondément le soutien et la sympathie pour le mouvement. Interrogés en décembre 2018 à l'issue de l'acte 3 des manifestations, 69 % des Français condamnent sans réserve les violences du 1er décembre[1]. En même temps, 72 % d'entre eux déclarent leur soutien ou leur sympathie au mouvement. Ce soutien au mouvement veut dire qu'une majorité de Français considère qu'il faut faire une distinction entre les casseurs et les Gilets jaunes. Mais cela veut dire aussi qu'une partie importante des personnes interrogées comprennent les violences sans les approuver. Au lendemain de l'acte 8 des manifestations, début janvier 2019, 55 % des personnes interrogées « comprennent les violences sans les approuver », 15 % les approuvent et 30 % les condamnent. Le « noyau dur » de 15 % de Français approuvant les violences se maintiendra tout au long de la mobilisation des Gilets jaunes et, en avril 2019, alors que le mouvement faiblit, persiste une base trouvant légitime le recours à la violence : 16 % des personnes interrogées « trouvent

---

1. Enquête Harris Interactive pour RTL et M6, *Les Gilets jaunes : quelle perception de la part des Français au lendemain de la manifestation du 1er décembre sur les Champs-Élysées ?*, 3 décembre 2018.

normal que certaines personnes usent de la violence pour défendre leurs intérêts[1] ».

On retrouve parmi les soutiens de l'hypothèse violente plutôt les hommes (21 %), les jeunes de 18 à 24 ans (26 %), les agriculteurs (30 %) et les couches populaires (employés et ouvriers : 21 %), les chômeurs (26 %), les extrêmes politiques (extrême gauche : 38 %, extrême droite : 23 %) ainsi que les personnes qui se sentent très proches (46 %) ou proches (30 %) des Gilets jaunes. La tentation du recours à la violence témoigne d'un processus de radicalisation des Gilets jaunes manifestants confrontés à la répression des forces de l'ordre, particulièrement dans l'usage des gaz lacrymogènes, des flash-balls et des grenades de désencerclement, qui vont alimenter et entretenir le jusqu'au-boutisme du mouvement. Les violences policières sont dénoncées, mais elles ne remettent pas en cause la bonne image de la police nationale qui domine dans l'opinion. Début avril, consultés par Elabe, 76 % des Français interrogés déclarent lui faire confiance. Cependant, ils apparaissent plus partagés sur l'attitude des forces de police envers les Gilets jaunes : 39 % considèrent que depuis le 17 novembre 2018 l'usage de la force par la police dans le cadre des manifestations a été excessif, 29 % adapté et 32 % insuffisant ; 61 % enfin des personnes interrogées pensent que « la justice n'est pas assez sévère à l'égard des policiers qui commettent des bavures ».

La perception des violences policières, qui fait l'objet d'un jugement assez équilibré de la part des Français,

1. *Enquête électorale française 2019*, sondage Ipsos pour le Cevipof, la Fondation Jean-Jaurès et *Le Monde*, avril 2019.

ne provoque pas pour autant la complaisance de l'opinion vis-à-vis de la violence du mouvement des Gilets jaunes. Par exemple, à la suite des pillages et des heurts qui ont marqué la manifestation parisienne du 16 mars, ce sont 84 % des Français interrogés par l'institut Elabe qui condamnent les violences. Mais 28 % déclarent les comprendre, ce qui veut dire que 17 % condamnent et comprennent à la fois.

Cette violence a fait l'objet de diverses interprétations. Le ministre de l'Intérieur, Christophe Castaner, agitera à plusieurs reprises l'hydre de l'extrême droite. Avant d'évoquer « des militants d'extrême gauche, rejoints par des Gilets jaunes radicalisés », le ministre de l'Intérieur met en avant, dès la fin novembre 2018, « une mobilisation de l'ultradroite ». Quelques semaines plus tard, nombre de fonctionnaires chargés du maintien de l'ordre constateront que, parmi les casseurs récurrents identifiés par la police, les plus actifs sont les groupes d'extrême gauche, antifascistes et black blocs.

Le spécialiste de l'extrême gauche Sylvain Boulouque, interrogé, le 11 décembre 2018, dans le journal *Le Monde*, précise que « le mouvement des Gilets jaunes constitue une rupture [...]. Pour la première fois, l'ultradroite et l'ultragauche sont côte à côte sans être ensemble de façon concertée ». Il voit dans le mouvement « un gigantesque laboratoire politique [où] les Gilets jaunes oscillent entre révolution nationale et révolution sociale », tout en reconnaissant que, faute de référent idéologique bien constitué, le « rassemblement nourrit à lui seul la mobilisation ». L'ultradroite et l'ultragauche sont davantage des aiguillons que des moteurs du mouvement. Ce ne sont pas eux qui structurent un mouvement qui reste largement citoyen. Cette réalité n'empêche pas, en mars 2019, une polémique intellectuelle de se déclencher pour qualifier la nature intrinsèque du mouvement. Pour certains (le philosophe Pierre Maniglier, l'historienne Ludivine Bantigny), le mouvement est en train de créer une « situation révolutionnaire » ou au moins un processus émancipateur pouvant déboucher sur une « révolution[1] ». Pour d'autres, comme Alain Badiou, « tout ce qui bouge n'est pas rouge » ; le mouvement révélerait une nature « réactionnaire où un peuple fantasmé par la gauche est en fait un peuple de droite[2] ». Romain Goupil, quant à lui, dénonce une « alliance jaune-rouge-brun » menaçant la démocratie et trouvant son point de fusion dans la « lutte des casses[3] ».

Le monde intellectuel apparaît divisé sur la nature du mouvement social des Gilets jaunes. La nouveauté de celui-ci, son hétérogénéité sociale et politique, ainsi que le caractère hétéroclite des références qu'il convoque ont pu créer un trouble certain.

## Le soutien des Français

Pourquoi ce soutien assez inconditionnel et majoritaire des Français ?

Certes, depuis de longues années, c'est une majorité de Français qui soutient les mouvements sociaux,

1. Ludivine Bantigny, *Révolution*, Anamosa, 2019.

2. Nicolas Truong, « Les intellectuels rouges s'écharpent sur les gilets jaunes », *Le Monde*, 28 février 2019.

3. Romain Goupil, « L'alliance jaune-rouge-brun menace la démocratie », *Le Monde*, 28 février 2019.

adhérant régulièrement à ce que l'on a pu appeler des « grèves d'opinion ». Ce fut le cas en décembre 1995 avec le mouvement de mobilisation contre le plan Juppé, en avril 2016 avec le mouvement Nuit debout. Ce fut encore le cas en juin 2016 au moment de la mobilisation contre la réforme du code du travail portée par Myriam El Khomri. Mais, et c'est aussi une singularité de ce mouvement, le soutien de l'opinion persiste sur la longue période, et ce malgré la violence et les incidents contre les forces de l'ordre.

De novembre à fin décembre 2018, ce sont entre 66 % et 72 % de Français qui expriment leur soutien ou leur sympathie à l'égard du mouvement (données Ifop). Ils seront encore entre 50 % et 58 % en janvier et février. Fin mars 2019, soit cinq mois après le déclenchement du mouvement, 46 % des personnes interrogées déclarent toujours soutenir la mobilisation (36 % sont opposés ou hostiles, 18 % indifférents). Dans un sondage Ifop des 18-20 mars 2019, alors que pour la première fois le soutien de l'opinion est passé légèrement en dessous des 50 %, une majorité absolue (57 %) d'employés et d'ouvriers, d'habitants des communes rurales (50 %), de sympathisants de La France insoumise (79 %), du Parti socialiste (61 %), du Rassemblement national (66 %) continuent de déclarer leur soutien ou leur sympathie à l'égard du mouvement.

Bien au-delà des catégories populaires, des milieux plus éloignés des Gilets jaunes regardent aussi le mouvement avec aménité : 42 % des professions libérales et cadres supérieurs, 37 % de ceux qui ont un diplôme du supérieur, 26 % des sympathisants de LR, 24 % de l'électorat Macron au premier tour de l'élection présidentielle. Cette capacité du mouvement à trouver un écho dans les milieux qui sont éloignés des thèmes et des intérêts qu'il porte donne une réelle ampleur à sa popularité. Cette approbation majoritaire s'inscrit bien dans cette forme de démocratie qualifiée par le philosophe Bernard Manin de « démocratie du public[1] ». Celle-ci s'est substituée à une démocratie représentative articulée autour des partis et appréhendée par les citoyens sur le mode de la contestation et du désenchantement. Dans cette démocratie du public, l'opinion devient une force politique essentielle et organise, au-delà de la protestation manifestante, une protestation par délégation bien enregistrée par les sondages qui, semaine après semaine, mesurent le fort soutien aux Gilets jaunes. Cette protestation d'opinion donne à des mouvements sociaux minoritaires une remarquable chambre d'écho.

La vitalité de cette démocratie d'opinion en acte explique le hiatus entre un mouvement qui n'a jamais dépassé 300 000 manifestants, soit nettement moins que d'autres mouvements sociaux ou mobilisations collectives[2], et la force du soutien majoritaire et constant

1. Bernard Manin, *Principes du gouvernement représentatif*, Calmann-Lévy, 1996.

2. De 1984 à 2016, nombre de manifestations et de mobilisations ont dépassé les 300 000 personnes : les manifestations contre le projet de loi Savary ont mobilisé 600 000 personnes le 4 mars 1984 et 850 000 le 24 juin de la même année ; en 1995 la manifestation du 12 décembre contre le plan Juppé a atteint la barre du million ; en 2003 la manifestation contre le plan Raffarin de réforme des retraites rassemble 1 130 000 manifestants ; en 2006 la manifestation du 28 mars contre le « contrat première embauche » dépasse le million ; en 2010 la manifestation du 19 octobre contre la réforme des retraites fait descendre dans la rue 1 230 000 personnes ; en 2016 la

de l'opinion. Il s'agit d'une sorte de paradoxe démocratique que les Gilets jaunes incarnent de façon tout à fait emblématique. Il y a là un signe fort de la fragmentation démocratique qui est à l'œuvre entre la démocratie manifestante soutenue par la démocratie d'opinion et la démocratie représentative.

### *Fracture sociale et fracture politique*

Le large soutien de l'opinion s'enracine aussi dans l'impopularité dont souffre Emmanuel Macron depuis son élection et dont il faut prendre la mesure.

Depuis de longues années, des fractures sociales, territoriales et politiques traversant la société française mettent à mal sa cohésion. L'idée de fracture sociale est ancienne, puisqu'elle fut au cœur de la campagne électorale de Jacques Chirac en 1995. La notion de fracture territoriale a aussi à peu près vingt ans d'âge, car c'est en 2000 que le géographe Christophe Guilluy publia aux Éditions L'Harmattan son *Atlas des fractures françaises*, qui montrait l'inscription dans le territoire de nombreux clivages démographiques, économiques, sociaux et culturels. Enfin, la fracture politique est aussi bien établie. Depuis bientôt dix ans, le processus de défiance politique, tel qu'il est mesuré entre autres par le *Baromètre de confiance politique* annuel du Cevipof, n'a cessé de progresser. L'impopularité record atteinte par François Hollande dans la dernière année de son mandat est restée dans les mémoires (16 % d'approbation de son action en tant que président de la

---

mobilisation du 31 mars contre la réforme El Khomri du code du travail a mobilisé 390 000 manifestants.

République selon la cote de popularité Ifop mesurée en septembre 2016).

La victoire d'Emmanuel Macron et de La République en marche lors des élections de 2017 a pu faire croire à un ordre politique nouveau, et donc à un regain de confiance de la part des Français. Cette lecture a vite montré sa fragilité et, depuis l'été 2018, la parenthèse du retour de la confiance s'est refermée pour laisser la place à un paysage social et politique encore plus dévasté qu'auparavant.

Au cours des mois de septembre à décembre 2018, le mécontentement porté par le mouvement des Gilets jaunes alimente une démonétisation fulgurante de la popularité du président. En quelques mois, déjà affaibli par l'affaire Benalla et la séquence de l'été 2018, Emmanuel Macron est, en décembre 2018, en voie de « hollandisation » : avec 23 % d'approbation de son action en tant que président de la République, il est tout proche du niveau très faible atteint par son prédécesseur en décembre 2013 (22 %). Même après l'épisode très dur du mouvement social de novembre-décembre 1995, le président Chirac était à un niveau de 30 % de popularité. Quelques années plus tard, à l'issue de la crise du contrat première embauche (mars 2006), il rassemblait encore 29 % de Français satisfaits de son action.

Emmanuel Macron a perdu des points dans certains milieux confrontés à de graves difficultés d'insertion (les 25-34 ans, les ouvriers, les sans-diplôme), mais aussi au cœur de son dispositif politique et territorial (les habitants de l'agglomération parisienne, ses électeurs de 2017, les électeurs de sensibilité écologiste), la chute est même parfois très sévère (entre 11 et 13 points). Sur tous les éléments qui peuvent contribuer à définir l'image d'un « bon président », il est en forte récession : 11 % seulement des personnes interrogées pensent, en décembre, qu'il est « proche des préoccupations des Français », 24 % qu'il « mène une bonne politique économique » et 29 % qu'il « a une vision pour l'avenir des Français ».

## *Au-delà de l'impopularité présidentielle*

Le mouvement des Gilets jaunes exprime dans la rue et sur les ronds-points un désenchantement général vis-à-vis du pouvoir dépassant le seul rejet de la personnalité d'Emmanuel Macron. Il réactive en effet des référents hétéroclites empruntant à divers registres de notre histoire collective : celui de la Révolution française et de la construction d'un nouvel acteur politique (le tiers état), voulant voir « tomber des têtes », celui des révoltes sociales porteuses d'un « tout est possible », celui des mouvements populistes où le « peuple » cherche à inverser le pouvoir et à clouer au pilori les « oligarchies incapables et prébendières »… À ces refoulés historiques s'ajoute un registre plus contemporain marqué par l'horizontalité du Web, les mobilisations réticulaires, la circulation permanente et accélérée d'informations vraies et fausses, le rejet de la politique et la méfiance vis-à-vis de toute délégation ou représentation stable et durable. Sur cette dernière dimension, le pouvoir macronien et les Gilets jaunes partagent, en dépit de leur opposition frontale, de nombreux éléments : ils utilisent massivement le Web et les nouveaux moyens de communication, ils se nourrissent de la méfiance vis-à-vis des corps intermédiaires et partagent la croyance – peut-être un peu naïve – d'une destruction créatrice d'un nouveau monde politique ou social (la fameuse « disruption »). Mais les peuples qu'ils mobilisent ne sont pas les mêmes : il y a bien deux peuples dans la République qui ont de plus en plus de mal à se parler et à s'entendre. La capacité de la parole présidentielle à remettre en contact ces deux fractions du peuple de France et à réduire la profonde fracture d'opinion que le mouvement des Gilets jaunes a révélée est un enjeu décisif pour Emmanuel Macron.

Lors de son intervention télévisée et de sa conférence de presse du 25 avril 2019, le président n'hésite pas à aborder la question de son impopularité. Difficile pour lui de ne pas l'admettre. Mais il cherche à la relativiser : « Diriger aujourd'hui en démocratie, c'est accepter de ne pas être populaire. Je préfère être responsable, tenir mes engagements et être impopulaire plutôt que de chercher à séduire de manière tout à fait éphémère », reconnaît-il.

### *La faiblesse des origines*

Sa victoire à la présidentielle a été le résultat d'autant de rejets des autres candidats que d'adhésion à la personnalité et au renouveau politique qu'il incarnait. Et sa popularité, même à ses débuts, était d'entrée de jeu fragile et paradoxale.

Revenons à mai 2017. L'homme est peu connu, son programme est relativement flou, il a quelques vertus que ses adversaires n'ont pas (la nouveauté, l'âge, la relative distance au sérail politique...), mais, surtout, il est un extraordinaire instrument de dégagisme, sans risque majeur, d'une classe politique rejetée par beaucoup de Français. Tout cela fait une force électorale disruptive indéniable qui a bousculé le jeu politique et le pays. Mais cela n'a pas permis de créer de manière durable de fortes identifications et un socle de confiance solide. Les 57 % de personnes qui, dès mai 2017, sont sur une position d'attente (ni satisfait, ni insatisfait) sont là pour l'attester[1]. S'ajoute à cela le fait que le jugement positif alors exprimé par un petit tiers de Français (30 %) est certes supérieur à son score de premier tour (24 %), mais très éloigné de son niveau de second tour (66 %). On en comprend les raisons, mais c'est bien là aussi un indice de la faible capacité du président à s'émanciper de ses seuls soutiens électoraux du premier tour.

Après l'érosion habituelle en matière de popularité présidentielle qui se dessine dès la fin de l'été 2017, liée à une fin de plus en plus rapide des « lunes de miel » présidentielles, un processus d'impopularité plus actif se met en place au mitan de l'année 2018. Les Français commencent à s'approprier la personnalité du président, à se focaliser sur des éléments d'image (l'éloignement, l'arrogance, une politique économique déséquilibrée en faveur des riches...). La force de l'impopularité se

1. À partir de mai 2017, le Cevipof mesure la popularité de l'action d'Emmanuel Macron à partir de la question suivante : « D'une manière générale, êtes-vous satisfait ou pas de l'action du président de la République, Emmanuel Macron : pas satisfait / ni satisfait, ni insatisfait / satisfait ? » (*Enquête électorale française 2019*, Ipsos pour le Cevipof, la Fondation Jean-Jaurès et *Le Monde*.)

démultiplie. De mai 2018 à février 2019, l'insatisfaction explose (+ 17 points) en se nourrissant des déçus du macronisme et de l'érosion continue des attentistes restés jusque-là mitigés. En février 2019, un cap est franchi, les Français insatisfaits ont la majorité absolue (52 %). Seuls 15 % tiennent bon dans le camp de la satisfaction. La polarisation d'opinion a opéré, l'impopularité s'est installée, et la colère est visible dans la rue avec le mouvement des Gilets jaunes qui maintient la pression. Le président a cherché à opérer des parades classiques : la fermeté, l'attentisme, mais aussi les concessions (plus de 10 milliards d'euros de mesures fiscales et sociales annoncées en décembre). Rien n'y fait. Se met en place une deuxième réponse plus originale, celle du grand débat national pour calmer le processus de montée aux extrêmes, nouer un dialogue permettant d'apaiser la colère, et répondre au besoin de plus en plus pressant des Français d'être entendus. C'est aussi la recherche d'un regain de popularité, mais qui, on le verra, ne portera guère ses fruits.

L'été venant et le mouvement des Gilets jaunes s'étant pourtant nettement affaibli, la popularité présidentielle ne s'est guère reconstruite. De mai à juillet 2019, mesurée par l'Ifop, elle a certes progressé de deux points (de 30 % à 32 %), mais Emmanuel Macron ne parvient pas à reconquérir le cœur de Français qui continuent de se retrouver dans le soutien ou la sympathie vis-à-vis des Gilets jaunes : 62 % des personnes interrogées en septembre 2019 n'approuvent toujours pas son action.

Cinq mois après le début de la mobilisation, 50 % des personnes interrogées cautionnent (soutien et sympathie) le mouvement des Gilets jaunes, 34 % seulement y sont opposées ou hostiles.

Conscient de cela, le président de la République va proposer, dès décembre 2018, un dispositif de démocratie participative susceptible d'attirer à la fois des citoyens en plus grand nombre et de recueillir une parole moins protestataire.

# 3

# Le grand débat national : la démocratie participative à grande échelle

On sait que la démocratie représentative ne s'est jamais suffi à elle-même et qu'elle a été complétée et contestée par une démocratie consultative et même une « contre-démocratie », pour reprendre l'expression de Pierre Rosanvallon, qui « n'est pas le contraire de la démocratie ; [mais] plutôt la forme de démocratie qui contrarie l'autre, la démocratie des pouvoirs indirects disséminés dans le corps social, la démocratie de la défiance organisée face à la démocratie de la légitimité électorale[1] ». La démocratie représentative est contestée de manière récurrente pour n'être pas suffisamment proche des principes dont elle se réclame : le principe d'égalité, celui du gouvernement du peuple par le peuple, etc.

À côté de la scène électorale, de multiples institutions ont organisé une participation du citoyen en dehors des échéances électorales. Cette démocratie participative va monter en puissance à partir des années 60 pour s'épanouir dans les décennies suivantes, marquées par une

1. Pierre Rosanvallon, *La Contre-démocratie. La politique à l'âge de la défiance*, Le Seuil, 2006.

crise de la représentation politique devenue quasi endémique. Consultations, concertations, coélaborations de la décision publique (budgets participatifs, conseils de quartier, conférences de citoyens...) ont éclos depuis trente ans. Le grand débat national est une procédure qui s'inscrit dans la panoplie des outils de la démocratie participative. Dans son ambition, il tente de réconcilier deux faces de la démocratie participative : d'une part, celle qui s'intéresse avant tout à accroître la participation du citoyen au processus démocratique et à la prise de décision, et d'autre part, celle qui cherche à faire accoucher, au travers de la discussion et de la confrontation publique des points de vue, les citoyens d'une décision publique consensuelle. Il s'agit alors d'initier un processus délibératif où le public mobilisé participe à l'élaboration des décisions publiques. Mais, dans sa réalité, le grand débat national sera plus participatif que délibératif.

Après que le président eut annoncé, le 18 décembre, le recours à un grand débat, le gouvernement s'est attaqué à la mise en place concrète du processus. Celui-ci organise plusieurs lieux et instances de participation : le site du grand débat, les réunions d'initiative locale sur tout le territoire, les cahiers de doléances ou cahiers citoyens déposés dans les mairies, les contributions libres au débat adressées par mail ou par courrier, les contributions recueillies dans des stands itinérants, les conférences citoyennes régionales et les conférences nationales thématiques. C'est cet ensemble de vecteurs qui permet de recueillir la parole des citoyens.

À l'heure où le malentendu entre représentés et représentants atteint son point d'orgue, la démocratie participative du grand débat cherche à la fois à pallier les déficits de la démocratie représentative et à calmer la démocratie manifestante des Gilets jaunes porteurs d'une citoyenneté en actes mais « critique ». D'abord déçus et désenchantés, selon la politologue comparative britannique Pippa Norris qui en a inventé la notion, les citoyens critiques sont « des citoyens plus critiques ou des démocrates insatisfaits adhérant fortement aux valeurs démocratiques, mais considérant que les structures existantes du gouvernement représentatif inventées aux XVIII^e^ et XIX^e^ siècles ont besoin d'être complétées[1] ».

En janvier 2019, 9 % seulement des Français ont confiance dans les partis, 23 % dans l'Assemblée nationale, et 14 % considèrent que les responsables politiques « se préoccupent des préoccupations des gens comme [eux][2] ». Ce constat délétère alimente une certaine apathie politique, mais aussi une attirance pour des régimes autoritaires ou encore un soutien électoral envers les partis protestataires. Mais il ouvre aussi une voie à la démocratie participative. En 2019, à l'occasion du grand débat national, celle-ci tente de se frayer un chemin entre la démocratie directe de la rue et la démocratie électorale issue de la légitimité des urnes en 2017. La façon dont Emmanuel Macron conçoit cette grande consultation rappelle celle que, alors candidat, il avait menée auprès des « marcheurs » afin d'établir les grands axes de son projet politique. À l'été 2016, plus

1. Pippa Norris (éd.), *Critical Citizens: Global Support for Democratic Government*, Oxford University Press, 1999.

2. *Baromètre de confiance politique, Vague 9*, Cevipof, janvier 2018.

de 5 000 marcheurs s'étaient lancés dans une grande opération de porte-à-porte pour établir dès l'automne un « diagnostic » sur l'état du pays débouchant sur le programme du candidat. Là encore, le grand débat doit permettre l'élaboration d'un projet commun.

## L'organisation du grand débat national

Le 14 décembre, le Premier ministre saisit la Commission nationale du débat public (CNDP), afin que celle-ci « accompagne et conseille le gouvernement dans l'organisation de ce grand débat ». Cette autorité administrative indépendante accepte le 17 décembre la mission et propose un ensemble d'outils qui seront repris par la suite. Cependant, le 8 janvier, la présidente de la CNDP, Chantal Jouanno, se retire de la mission d'accompagnement qui lui avait été confiée. Le 14 janvier, elle justifie sa résolution ainsi : « Dès lors que le gouvernement a décidé de reprendre le pilotage du grand débat national, la CNDP, qui est une autorité neutre et indépendante, n'y a plus sa place. » Cet incident de départ révèle un certain malentendu entre la CNDP, qui considère que ce grand débat est un débat public comme un autre, et que de ce fait il doit obéir aux canons que la Commission a peu à peu élaborés dans le cadre de projets d'aménagement et d'équipement, et le gouvernement, qui entend mettre en œuvre une grande concertation avec les Français, un dialogue collectif et citoyen au niveau national.

Dans les années 2000, la CNDP avait organisé à plusieurs reprises des débats publics sur des sujets aussi divers que les nanotechnologies, la politique de transports dans la vallée du Rhône, les infrastructures de transport dans le cadre du Grand Paris ou encore la gestion des déchets radioactifs. Elle avait été aussi chargée de l'élaboration du dossier d'information sur le projet de transfert de l'aéroport de Nantes-Atlantique sur la commune de Notre-Dame-des-Landes qui déboucha sur le référendum organisé le 26 juin 2016 dans le département de la Loire-Atlantique. D'avril à décembre 2018, elle avait également pris en charge les consultations citoyennes sur l'Europe. Mais le grand débat, par son ampleur, son objectif et ses thématiques, dépassait de manière évidente le cadre habituel des consultations qu'elle avait pu lancer jusque-là.

### *Un dispositif innovant*

Si l'on cherche un dispositif équivalent au grand débat national, les trois assemblées citoyennes tirées au sort en république d'Irlande pour préparer le choix référendaire sur le mariage homosexuel et sur l'avortement sont un bon point de comparaison. En Islande, une révision participative de la Constitution a également eu lieu par le biais de la désignation d'une assemblée nationale préparatoire de mille personnes tirées au sort, puis de la rédaction par vingt-cinq citoyens élus par le peuple d'un nouveau texte enrichi par les réseaux sociaux. Mais on ne compte guère d'autres opérations de ce type en Europe et dans le monde.

Le dispositif du grand débat mêle cette approche de la participation de citoyens tirés au sort (conférences régionales) et celle de citoyens qui, sous des formes diverses et variées, choisissent de dire leur mot sur les quatre grands sujets fixés par le président de la République (la fiscalité et les dépenses publiques, l'organisation de l'État et des services publics, la transition écologique, la démocratie et la citoyenneté). Il s'agit d'une véritable expérimentation démocratique menée en temps réel sans qu'aucune méthode préétablie puisse vraiment servir de référence à ses organisateurs et à ceux chargés d'en assurer la loyauté[1]. Le caractère inédit du grand débat tient à l'ampleur du champ de la consultation puisque, en plus des quatre thèmes fixés, rien n'empêchait les citoyens de s'emparer d'autres sujets. Selon les intentions mêmes du président de la République, il s'agissait de « répondre à des questions essentielles » ayant émergé du mouvement des Gilets jaunes et d'émettre des propositions devant permettre « de bâtir un nouveau contrat pour la nation, de structurer l'action du gouvernement et du Parlement, mais aussi les positions de la France au niveau européen et international ».

La configuration du dispositif mis en place est originale. Sept vecteurs de recueil de la parole des citoyens sont imaginés.

Premier vecteur, une plateforme en ligne permettant de répondre à des questions fermées ainsi qu'à quelques questions ouvertes sur chacun des quatre grands thèmes. Ce site permet également aux organisateurs de réunions d'initiative locale de trouver des ressources sur les grands

1. Sur cette analyse du grand débat, je renvoie au *Rapport du collège des garants du grand débat national* (9 avril 2019), rédigé par les cinq garants et les deux rapporteurs auprès du collège : Victor Demiaux et Vincent Ploquin.

sujets abordés, ainsi que des conseils méthodologiques pour animer les débats et en rendre compte. Cinq cent mille citoyens environ utiliseront la plateforme pour déposer des contributions.

Deuxième vecteur, des cahiers citoyens déposés en mairie permettant à chacun de s'exprimer par écrit sur n'importe quel sujet. Environ 720 000 citoyens contribueront à quelque 18 000 cahiers qui rappellent les cahiers de doléances de la Révolution française.

Troisième vecteur, des stands itinérants, principalement installés dans les gares et les bureaux de poste des chefs-lieux de département, permettant de rassembler des réponses aux questions du site ou de remettre une contribution sur papier libre. Cinq mille personnes auront recours à cette possibilité.

Quatrième vecteur, la faculté de prendre part au débat par le biais de contributions spontanées envoyées par courrier papier ou électronique. Vingt-sept mille courriers et mails seront adressés à la Mission du grand débat national.

Cinquième vecteur, des réunions d'initiative locale (RIL) où chaque citoyen peut venir s'exprimer et débattre avec d'autres citoyens – 700 000 citoyens participeront à ces RIL si l'on retient une moyenne de 70 personnes par réunion.

Sixième vecteur, les conférences nationales thématiques où, sur chacun des quatre grands thèmes, est organisée la consultation de représentants des corps intermédiaires (syndicats, associations, représentants des élus).

Enfin, septième vecteur, des conférences citoyennes régionales réunissant dans chaque région des citoyens tirés au sort pour débattre et délibérer sur les quatre axes fixés pendant une journée et demie – 1 400 citoyens participeront à ces conférences délibératives. C'est dans cette dernière modalité du grand débat national que la démocratie délibérative prend le pas sur la simple démocratie participative. En effet, le temps est donné pour que les participants puissent entrer en discussion, s'informer et élaborer un consensus autour de propositions concrètes. Ainsi, sur le terrain politique de la démocratie et de la citoyenneté, on verra sortir des conférences citoyennes, tenues sur l'ensemble du territoire à la mi-mars, des propositions relatives à un « contrat de l'élu » (fiche de poste et contrat de travail), à la création de « maisons de l'éducation et de la parentalité », à la mise en place d'un « carnet citoyen » ou encore à l'établissement d'une « validation des acquis citoyens »… Le grand débat a su, dans sa phase terminale, engager un véritable processus de démocratie participative qui peut inspirer à l'avenir d'autres initiatives. La convention citoyenne, proposée par le président à l'issue du grand débat, de 150 personnes tirées au sort et chargées de faire des propositions sur le climat est un premier pas en ce sens.

Le grand débat va ainsi se développer dans toutes ses modalités du 15 janvier à fin mars, le calendrier étant contraint par la date du 26 avril, date du début de la période de réserve précédant les élections au Parlement européen fixées au 26 mai 2019. Il réussira à mobiliser environ deux millions de citoyens, soit une proportion équivalant à environ 5 % des votants de l'élection présidentielle de 2017 et à 4 % des inscrits sur les listes électorales. Quand on sait qu'il est difficile de mobiliser plus de 1 % des citoyens concernés par les opérations de démocratie participative et délibérative tenues au plan local ou au plan national, l'opération du grand débat est plutôt un succès quantitatif, et potentiellement un succès démocratique.

À défaut du concours de la CNDP, le gouvernement choisit d'assurer lui-même l'organisation du grand débat avec l'aide d'une administration dédiée (la Mission du grand débat national sous l'autorité de deux ministres, Emmanuelle Wargon, secrétaire d'État auprès du ministre de la Transition écologique et solidaire, et Sébastien Lecornu, ministre auprès de la ministre de la Cohésion des territoires et des Relations avec les collectivités territoriales, chargé des collectivités territoriales). Le gouvernement a également recours à un collège de garants chargé de « veiller au respect des exigences d'impartialité et de transparence dans l'organisation et le déroulement du grand débat national ». Les cinq garants seront choisis selon une modalité habituellement retenue pour le collège des autorités administratives indépendantes où les pouvoirs législatif et exécutif sont en charge des nominations (Premier ministre, président du Sénat, président de l'Assemblée nationale, président du Conseil économique, social et environnemental) [1].

Le président de la République se met lui-même à contribution. Il organise plusieurs réunions collectives et retransmises à la télévision avec les maires, mais aussi

1. La conseillère d'État Isabelle Falque-Pierrotin et l'ancien patron de La Poste Jean-Paul Bailly seront nommés par le Premier ministre, le magistrat Guy Canivet par le président de l'Assemblée nationale, le politologue Pascal Perrineau par le président du Sénat et la secrétaire générale de la Ligue de l'enseignement Nadia Bellaoui par le président du Conseil économique, social et environnemental.

avec les jeunes et les intellectuels. Il ne s'invitera qu'une fois, à Bourg-de-Péage, dans la Drôme, lors d'une réunion d'initiative locale. En ouverture de tous les débats auxquels il a participé, Emmanuel Macron commence par établir un diagnostic de la situation en insistant sur trois fractures : une fracture sociale ancienne dont il rappelle qu'elle était déjà au cœur de la campagne présidentielle de Jacques Chirac en 1995, une fracture territoriale liée au phénomène de métropolisation, enfin une fracture démocratique dont le symptôme principal a été le référendum négatif de 2005 contourné trois ans plus tard par le pouvoir politique. Face à ces fractures qui, selon lui, se sont peu à peu cumulées et qui ont abouti à l'explosion du mouvement des Gilets jaunes, le grand débat national a pour ambition d'« inventer le pays dont nous voulons » et de « recréer par la délibération la part de consensus dont nous avons besoin ». Au-delà de ce projet ambitieux de déboucher à terme sur un nouveau « contrat pour la nation », Emmanuel Macron a pour projet d'inventer une nouvelle forme démocratique qu'il appelle « la République de la délibération permanente[1] », qui aurait comme intérêt de se substituer aux formes trop conflictuelles du débat politique. Le grand débat national est censé ouvrir la voie à cette nouvelle République.

### *Le grand débat des maires*

Le travail de reconquête de la faveur des élus locaux n'était pas une mince affaire pour le président de la

1. Intervention du président de la République devant les élus normands, 15 janvier 2019.

République. Déstabilisés par un pouvoir qui ne leur avait pas prêté grande attention, contrariés par des réformes non négociées, assaillis par les difficultés financières, les maires hésitent entre révolte et déprime. L'augmentation régulière des démissions de maires depuis 2014 et le fait qu'un sur deux ne veuille pas se représenter[1] sont les symptômes les plus flagrants de ce *blues* des élus locaux. Mais ils jouèrent du reste sans rancune le jeu en étant à l'origine de 60 % des réunions d'initiative locale et en ouvrant largement leurs mairies aux cahiers de citoyens. D'ailleurs, c'est l'Association des maires ruraux de France (AMRF), sous la houlette de Vanik Berberian, qui prit la première l'initiative de tels cahiers qu'elle déposa dans les petites communes rurales bien avant que la procédure du grand débat ne se mette en place (opération « Mairie ouverte » qui s'est déroulée du 8 décembre au 14 janvier). Le président de la République se mit donc à l'écoute de ces informateurs de premier plan sur la vie et l'état du pays.

Les maires restent les seuls élus en lesquels les Français ont encore confiance. En août 2019, 83 % des Français déclarent en avoir une bonne opinion ; ils ne sont que 33 % à penser de même concernant les députés et les sénateurs[2]. Il y a là pour le président de la République une véritable contrainte de popularité qu'il ne peut ignorer. Il se rend compte que, en l'absence de relais partisans solides et d'élus nationaux reconnus, les maires

1. *Enquête sur les attentes municipales des Français*, sondage du Cevipof pour l'Association des maires de France, juin 2019.

2. *Les Français et leurs élus*, sondage Ifop pour le *Journal du dimanche*, 12 août 2019.

sont une courroie de transmission décisive et précieuse entre lui et le pays. Mais ces maires, forts de leur légitimité, sont à la fois des remparts de l'ordre républicain et des partenaires qui sont capables de le déstabiliser. Invités par Emmanuel Macron à faire preuve de liberté à la fois dans le choix des sujets et dans le ton, les élus s'empareront de cette liberté qui leur est offerte. Une grande variété de questions seront mises sur le tapis : ISF, taux différenciés de TVA, dotation globale de fonctionnement, intercommunalités, CICE, charges sociales, vote obligatoire, vote blanc, fonds européens, taxes d'habitation, laïcité, pensions de réversion, Brexit, services publics, déserts médicaux, inclusion numérique…

Le ton sera parfois audacieux et irrévérencieux, comme chez ce maire de l'AMRF du Lot : « Il ne faut pas que ce débat devienne le grand bluff […]. Arrêtez de stigmatiser, d'opposer… de jeter en pâture les plus faibles […]. Ne nous prenez pas pour des couillons. » Face à cette profusion de thèmes et ce ton parfois provocant, le président, toujours attentif, garde généralement son calme, répond en détail, étonne par sa précision et sa maîtrise technique des dossiers. En général, la séduction présidentielle marche et les réunions se terminent par des applaudissements nourris.

Pour lancer le processus inédit de la concertation, il était de bonne stratégie d'avoir recours à de telles réunions. Mais ces rencontres vont être prolongées tout au long du grand débat, au risque de créer la confusion des genres entre opération de communication présidentielle et entreprise de démocratie participative et délibérative. Au cours des seize rencontres organisées avec les maires et les citoyens dans plusieurs régions, le président de la

République accumulera quatre-vingt-douze heures d'interventions et de discussions. Comme le fera remarquer le collège des garants dans un communiqué du 14 février, « ces interventions [présidentielles] sont désormais susceptibles de perturber la poursuite d'un débat neutre et impartial ». En effet, tout au long du processus, le président de la République a cherché à garder la main sur le grand débat national en le rythmant et en l'utilisant aussi pour reconstruire une image personnelle et politique qui s'était détériorée. Il s'agit bien d'une opération de démocratie consultative, mais dans le cadre du système institutionnel de la Vᵉ République resté très vertical. Le président est à l'origine du processus, l'accompagne personnellement et compte bien aussi le conclure lui-même.

## *Le « vrai débat »*

Le mouvement des Gilets jaunes refuse de se saisir en tant que tel de la perspective de démocratie participative à grande échelle que lui offrait le grand débat national. L'un de ses porte-parole, François Boulo, dénonce un écran de fumée : « C'est juste de la fumée, c'est une évidence […]. Ceux qui ont participé à ce grand débat sont plutôt les retraités et la classe moyenne supérieure, c'est-à-dire l'électorat de Macron […]. Ce grand débat national est un flop. » Ainsi, très vite, le mouvement préfère lancer, dès le 30 janvier, son propre site de consultation citoyenne intitulé « Le vrai débat », présenté comme une alternative à la « mascarade et à l'enfumage du grand débat ». En dépit de sa volonté initiale et de son écho populaire, le « vrai débat » touche une population de Gilets jaunes militants nettement plus restreinte que celle atteinte par le grand débat national : 44 000 inscrits sur le site (450 000 pour le site du grand débat) et 25 000 propositions déposées (1 900 000 contributions pour le site du grand débat).

Une première analyse réalisée par l'unité des systèmes complexes du CNRS, du laboratoire d'études et de recherches appliquées en sciences sociales de Toulouse et du laboratoire Triangle de Lyon révèle l'importance prise par les thèmes touchant au fonctionnement des institutions, du référendum d'initiative citoyenne et de la fin des privilèges des élus. Ils ont attiré nombre de votes des participants au site. Ce sujet institutionnel, bien que présent, n'a occupé qu'une place de second rang dans le grand débat national. La préoccupation de la démocratie directe et la méfiance vis-à-vis du monde de la représentation politique sont ainsi confirmées au cœur des préoccupations et des revendications des participants les plus actifs du mouvement. Le RIC occupe une place prépondérante dans le « vrai débat », avec la prise en compte du vote blanc et nul, et la volonté d'avoir des élus irréprochables et sans privilèges. Au-delà de cet attachement à une transformation profonde du système politique, trois autres blocs de préoccupations apparaissent : un renforcement du service public, une demande de justice sociale et fiscale, et enfin des revendications écologiques fortes[1]. Les trois derniers sujets mis en avant ne sont pas très différents de ceux qui ont été abordés dans le grand débat national.

1. *Vrai débat : où en est-on ? Analyse d'une équipe de recherche lyonnaise*, 17 avril 2019, http://www.inshs.cnrs.fr/fr/cnrsinfo/vrai-debat

## *La crise des médiations*

L'éclatement de l'opération du grand débat sur tous les points du territoire national, la diversité des publics intéressés, le pluralisme des vecteurs du débat rendront difficile la restitution médiatique de la parole des Français. Les médias préféreront rabattre le grand débat sur les rencontres d'Emmanuel Macron avec les élus locaux, les citoyens, les jeunes ou encore les intellectuels, qui prirent l'allure parfois de shows télévisés. Il est difficile de mettre en images le lent recueil des paroles des Français dans de multiples et obscures réunions d'initiative locale. Les médias n'ont pas été le seul corps intermédiaire dérouté par ce dispositif. Les élus, les syndicats et même les associations sont largement restés en marge. Plusieurs comités de suivi du grand débat ont pourtant réuni les représentants des partis politiques, des partenaires sociaux, des acteurs associatifs et des associations d'élus. Quatre conférences nationales thématiques ont été organisées afin de recueillir leurs propositions. Mais c'est cette interface de la démocratie représentative et de la démocratie participative qui a le moins bien fonctionné dans le processus général du grand débat.

La professionnalisation des partis, des syndicats et de nombre d'élus a réactivé la « loi d'airain de l'oligarchie » que Roberto Michels avait mise au jour pour les partis de masses qui naissaient au début du XX^e^ siècle[1]. Tout au long des deux mois de grand débat, les corps

1. Roberto Michels, *Les Partis politiques* [1914], Flammarion, coll. « Champs », 1971.

intermédiaires ont cherché leur place sans la trouver, comme s'ils ne parvenaient plus à articuler les demandes de leurs mandants. Il faut dire que le pouvoir présidentiel et gouvernemental, véhiculant une assez profonde méfiance vis-à-vis de ces corps intermédiaires, n'a pas rendu facile la rencontre de ceux-ci avec les citoyens impliqués. L'histoire de la non-prise en compte des nombreuses offres de service faites par le premier syndicat français qu'est la CFDT est à cet égard symptomatique. Après plusieurs rendez-vous manqués, Laurent Berger, patron de la CFDT, constate en janvier 2019 que, au-delà du grand débat qu'il juge néanmoins « très utile », la France a besoin d'une « démocratie sociale avec des corps intermédiaires qui peuvent trouver des solutions ». Il appelle, à la fin du grand débat, à un « Grenelle du pouvoir de vivre » qui restera sans réponse de la part de l'éxécutif.

Pour nombre d'acteurs et de médiateurs du débat politique, le grand débat est resté comme une sorte de chaînon manquant et un « objet politique non identifié », assez insaisissable. L'analyse des paroles qui se sont tenues ainsi que le profil de ceux qui y ont participé permet pourtant de lever un coin du voile.

### *Qui débat ?*

Au-delà des fonctions qui étaient les nôtres en tant que garants du grand débat national, où nous servions d'interface avec sa mission, les ministres responsables de l'opération et le Premier ministre en charge de la supervision du processus, les garants ont bien sûr éprouvé le besoin d'aller sur le terrain recueillir la manière dont les citoyens s'emparaient du dispositif. Nous nous sommes très vite répartis entre différentes régions, différents terrains (urbain et rural, de centre-ville et de périphérie urbaine), différents profils sociologiques (ouvriers, employés, cadres et professions intellectuelles), différents types de débats (thématisés ou généraux), afin de prendre la mesure de ceux qui y participaient, de ceux qui y prenaient la parole et surtout de ce qu'il s'y disait.

Ce grand débat a été un succès populaire puisque environ 700 000 personnes y ont participé. Une enquête du Cevipof a pu établir, à partir d'un échantillon équilibré de réunions d'initiative locale, un profil des participants[1]. On y découvre une population légèrement plus masculine (55 %) que féminine, relativement âgée (57 ans de moyenne d'âge), incluant beaucoup de retraités (49 %), peu de chômeurs (3 %), beaucoup de personnes ayant un diplôme du supérieur (plus de 60 %), de citoyens déclarant « vivre plutôt ou très facilement avec les revenus du foyer » (plus de 60 %), peu de jeunes et de personnes d'origine immigrée, et enfin plus d'urbains que de « rurbains » et de ruraux.

Ce type de population reste relativement éloigné du profil de la population des Gilets jaunes, plus jeune (moyenne d'âge autour de 45 ans), plus féminine, avec un profil plus populaire, moins éduqué et des revenus plus faibles. Mais, tout comme les manifestations avaient attiré des « primomanifestants », les réunions d'initiative locale ont rassemblé beaucoup de « primoparlants ». Un

1. Martial Foucault, « Un public éloigné des traits sociologiques des Gilets jaunes », entretien, *Libération*, 14 mars 2019.

participant aux réunions sur deux déclare que c'est la première fois de sa vie qu'il prend part à une réunion publique. La démocratie participative telle qu'elle s'est développée dans le processus du grand débat a permis de toucher des populations qui, jusqu'alors, n'étaient pas inscrites dans l'espace public. Cette arrivée de nouveaux venus dans la vie publique était quelque chose de palpable dans les diverses réunions auxquelles j'ai participé en tant qu'observateur.

### *Les lieux du débat*

J'avais choisi de privilégier dans mon choix de réunions celles se tenant dans ce qui est désormais communément nommé la France périphérique, ainsi que celles organisées dans les petites et moyennes communes, sachant qu'un Français sur deux vit dans une commune de moins de 10 000 habitants. C'est ainsi que j'ai sélectionné des petites communes rurales, mais aussi des communes de taille moyenne au profil plus urbain, à la fois dans des régions relativement prospères et dans des environnements plus dégradés.

J'ai visité en deux mois des salles de débat, au cœur de la centralité urbaine, avec des populations de cols blancs à l'aise dans l'expression de la parole (Paris, Tours), des petites villes de la bordure méditerranéenne (Grasse, Cagnes-sur-Mer), des communes des périphéries urbaines (Pont-Saint-Esprit dans l'agglomération de Troyes) où les populations d'origines sociales différentes se mêlent, des villes confrontées à une forte crise sociale (Vitry-le-François), des communes de la grande périphérie rurbaine (Esbly, Pussay en grande région parisienne) où des mondes différents coexistent, enfin des communes rurales (Saint-Bris-le-Vineux, Coaraze) où l'interconnaissance est forte. Chaque fois, les lieux étaient variés : salle du conseil municipal, gymnase, salle polyvalente, café, amphithéâtre universitaire, salle de quartier, cinéma. Tous ces lieux appelaient des prises de parole différentes : une certaine théâtralité n'était pas absente de l'amphithéâtre, la convivialité propre au café appelait la familiarité et la complicité, l'immensité du gymnase favorisait les forts en gueule et appelait les timides à la discrétion...

La manière de mener les débats changeait elle aussi selon qu'un professionnel (garant de la CNDP, commissaire enquêteur) menait le débat ou qu'un amateur laissait une douce anarchie se développer. L'organisation physique des débats variait selon que les salles étaient abondamment garnies d'un auditoire sagement assis sur des chaises établies en rangs serrés ou qu'elles rassemblaient un public plus restreint se répartissant par groupes de six ou sept autour de tables rondes... Toutes ces modalités pratiques ont suscité des débats plus ou moins libres, plus ou moins respectueux de toutes les paroles, plus ou moins expressifs ou délibératifs. La présence des élus était aussi une variable importante, même si, sauf exception rare, ceux-ci se contentaient d'accueillir les participants à la réunion. Ensuite, ils pouvaient se retirer ou rester en tant qu'observateurs silencieux. Dans presque tous les cas, les participants acceptaient avec une relative bienveillance ces élus de proximité (et particulièrement le maire). Dernier paramètre, les cultures locales. En dépit de l'unification culturelle que connaît le pays, elles restent prégnantes. Entre l'attrait pour la joute verbale caractéristique de la culture provençale et le côté plus taiseux du paysan beauceron ou de l'ouvrier champenois, le ton et la couleur des débats, les façons d'intervenir et de discuter étaient bien différents.

## *L'accès à la parole*

Mais, au-delà de toutes ces différences, ce qui m'a le plus frappé est la proportion élevée de « primoparlants » se lançant dans les discussions comme si l'ébranlement de la mobilisation des Gilets jaunes et du processus du grand débat avait permis à des citoyens jusqu'alors silencieux de prendre la parole, de surmonter leurs préventions et leur timidité. Je me souviendrai toujours de la prise de parole d'un gitan à la silhouette massive et au langage direct, assis en bout de table de la salle du conseil municipal d'Esbly (petite commune de 6 000 habitants en Seine-et-Marne). Il parlait de sa difficulté à payer la taxe réservée aux gens du voyage et participait à sa manière à une réflexion collective sur la fiscalité. C'était la première fois qu'il entrait dans un espace public pour y prendre la parole.

Quelques semaines plus tard, à Beauvais, préfecture de l'Oise, quatre handicapés moteurs accompagnés de leurs aides intervenaient pour parler de la nécessité de rampes d'accès afin de pouvoir faire leurs démarches administratives. Le verbe était difficile, la prise de parole intimidante, mais une fois entré dans le flot de la parole le handicapé devenait un citoyen en pleine possession de ses moyens. Le grand débat a permis de casser cette barrière si souvent ressentie entre des citoyens invisibles et des citoyens à part entière.

Une inquiétude était la mienne : celle que la visite d'un garant du grand débat ne vienne perturber le cours des échanges verbaux de ces réunions d'initiative locale auxquelles nous assistions. Tel n'a pas été le cas. La plupart du temps, mes collègues et moi ressentions même une certaine gratitude liée au fait que les « gens d'en haut », dont nous relevions de fait, s'intéressaient aux débats des citoyens ordinaires et cassaient, l'espace d'une soirée, cet éloignement si fortement ressenti entre les citoyens et les sphères du pouvoir.

Bien sûr, l'espace de la parole reste traversé des fractures sociales et territoriales qui segmentent si fortement la société française. Un rapide coup d'œil lors de l'entrée dans les réunions d'initiative locale laissait découvrir de nombreuses têtes grisonnantes et peu de jeunes. Ces derniers restent donc à distance d'un exercice démocratique impulsé par les adultes dans le cadre d'un échange en face à face, mais ils sont intervenus en utilisant d'autres vecteurs, notamment la plateforme en ligne du grand débat. Quant aux populations d'origine immigrée, la distance culturelle et sociale qui est la leur avec le monde du pouvoir et ses initiatives est telle que celles et ceux qui ont entrepris de la franchir n'étaient pas nombreux.

## Les paroles de la société française

La France du grand débat n'est pas « la » France. Elle ne constitue pas un échantillon national représentatif de la population française. C'est « une » France, celle de citoyens intéressés par la chose publique : ils étaient 700 000 dans les réunions de débat, 2 millions quand on retient toutes les modalités du grand débat. C'est peu si l'on compare ce chiffre aux 47 millions d'électeurs inscrits sur les listes électorales, mais c'est beaucoup si on le compare aux quelques centaines de milliers de Français qui appartiennent aux partis politiques ou qui ont participé aux manifestations des Gilets jaunes. Ces Français du grand débat ont fait entendre une parole qui concerne tout le pays et qui a une légitimité liée au nombre et à la diversité qu'ils représentent.

Certes, comme tous les citoyens impliqués et participant à la vie politique, les citoyens du grand débat étaient davantage issus des classes moyennes, plus éduqués et plus urbains que la moyenne des Français. Cependant, la diversité était réelle et le public de ces débats ne se résumait pas aux milieux privilégiés des centres-villes ayant voté en faveur d'Emmanuel Macron. Ces réunions d'initiative locale ont couvert le territoire national. Presque aucun point du territoire ne s'est trouvé éloigné de plus de 20 kilomètres de la tenue d'une réunion d'initiative locale. L'abondance de ces réunions et leur dissémination aux quatre coins de l'Hexagone ont permis de dépasser la fracture territoriale qui si souvent oppose une France centrale bien dotée à une France périphérique davantage démunie, et par voie de conséquence à restreindre provisoirement, le temps du débat, les fractures sociales. Dans ces réunions, les ouvriers côtoyaient les cadres, les actifs étaient aux côtés des inactifs, les trentenaires à côté des sexagénaires, les électeurs de gauche étaient mélangés aux électeurs de droite et aux citoyens sans allégeance politique particulière. Le grand débat a partiellement réussi à créer un *melting-pot* social et politique que peu d'espaces politiques sont capables de créer. Les biais sociaux et culturels ont existé comme dans toute expérience de démocratie participative, mais la réussite du dispositif a permis d'élargir la palette des participants.

*Une parole libre ?*

Dans sa lettre aux Français du 10 décembre, le président de la République avait fixé quatre grands thèmes suffisamment généraux pour avoir une discussion large, mais permettant aussi de circonscrire le débat des Français. La présidente de la CNDP affirma qu'il ne s'agissait pas d'une bonne méthode de procéder ainsi : « Le principe d'un débat public, ce n'est pas de poser des questions aux Français ; c'est les Français qui vous posent des questions. C'est eux qui s'expriment. C'est eux qui disent ce qui leur tient à cœur. On n'avait pas prévu de faire une opération de communication, mais un grand débat. » En dépit des préventions de Chantal Jouanno, le grand débat a bien été un débat large et riche.

Non seulement les Français n'ont eu de cesse d'élargir ces quatre thèmes, mais en plus ils ne se sont pas privés de parler d'autre chose, notamment de ce qui les préoccupe au premier chef : le chômage, le pouvoir d'achat, la diminution des impôts et des charges. Interrogés en mai 2019, à l'occasion des élections européennes, parmi les thèmes importants qui jouent un rôle déterminant dans leur choix, les Français mettent :

la santé (61 %), la lutte contre le chômage (56 %), le relèvement des salaires et du pouvoir d'achat (54 %), la maîtrise du niveau des impôts (52 %)[1]... Les Français explorèrent ainsi pendant les trois mois du grand débat à peu près tous les thèmes qui font partie du débat public et ne se cantonnèrent pas aux seuls quatre axes fixés par le président.

Mais, bien au-delà du contenu des propos, la forme de ceux-ci en disait beaucoup sur la réalité du pays et ses habitants. Les vêtements, les allures, les mots utilisés, bref, les milieux sociaux et culturels étaient très divers.

Que ce soit sur les quatre grandes figures imposées du grand débat ou sur les figures libres que les participants ajoutaient, la propension très répandue était d'aborder les questions générales de la fiscalité, de l'État, de l'écologie ou de la démocratie à partir du filtre de son expérience personnelle. Pour la plupart des intervenants, le « général » était pensé à partir du « particulier », de leur situation particulière. Ce qui n'a rien à voir avec l'individualisme, mais davantage avec une appréhension sensible et intime de la réalité sociale de leur vie personnelle.

> « À 55 ans, je... on est foutu... Il est pas normal d'attendre d'avoir 62 ans pour partir à la retraite. » (Homme, 50 ans, ouvrier dans les travaux publics, Beauvais.)
>
> « La dématérialisation du service public dans le monde rural où je vis, c'est redoutable. Dans ce monde, je vais où

1. *Européennes de 2019 : profil des électeurs et clefs du scrutin*, sondage Ifop-Fiducial pour *Paris Match*, CNews et Sud Radio, 26 mai 2019.

maintenant quand je veux rencontrer quelqu'un ou parler avec quelqu'un ? » (Femme, 40 ans, Saint-Bris-le-Vineux.)

Pour aborder la question des retraites, on parle de son corps abîmé par les travaux difficiles. Pour réfléchir au dossier de la fermeture des services publics, on parle de l'isolement ressenti lorsqu'on se retrouve devant son ordinateur sur le site de tel ou tel service. Pour aborder la question de la fiscalité, on parle des taxes sur le plein d'essence fait chaque semaine. Pour parler de la santé, on parle de l'hôpital situé à 80 kilomètres ou du médecin spécialiste situé dans une ville éloignée de son domicile. Parler de soi et de son cas, c'est aussi tout simplement exister aux yeux de la communauté éphémère que constitue le groupe de paroles. À Beauvais, un Gilet jaune conclut une intervention enflammée par un tonitruant : « Hier, c'était mon anniversaire ! » La vie privée s'invite dans le débat public et vient l'humaniser.

### *Une écoute collective*

Les origines sociales sont différentes, la maîtrise de la parole est inégale, les options politiques sont divergentes, et pourtant ces mondes diversifiés s'écoutent et se respectent. Même sur des sujets brûlants et difficiles comme l'immigration, dans des régions où le Rassemblement national est fort, comme à Cagnes-sur-Mer ou à Grasse, les propos peuvent être fermes, engagés, mais ils suscitent un débat où tout dérapage xénophobe ou raciste est écarté. Un des seuls dérapages que j'ai pu constater a été cette réflexion tenue par une femme Gilet jaune à Beauvais. Parlant de l'éducation des enfants, elle conclut : « Macron n'a pas d'enfant... Pour certains, mieux vaut pas se reproduire ! » Ces débats ont bien permis à la parole de circuler. Les interlocuteurs se sont écoutés à défaut peut-être de se comprendre. Quand elle laisse place à l'échange de la parole, la société française est plus tolérante qu'on veut bien le dire. Cela est confirmé par Pierre Bréchon, qui évoque une France relativement cohésive[1].

Un autre signe de la relative tolérance de ces débats est la capacité à faire coexister dans une même salle des Gilets jaunes et des citoyens plutôt proches de La République en marche. À Beauvais, à Pussay (dans l'Essonne) ou encore à Grasse, les Gilets jaunes sont dans la salle et confrontent leur lexique brut et leur style oratoire âpre au discours plus policé et technique de cols blancs proches de la majorité. Les deux « camps » ne s'interrompent pas, évitent toute invective. À Pussay, l'arrivée inopinée du ministre de la Transition écologique, François de Rugy, au beau milieu d'un débat organisé par l'Association des maires ruraux de l'Essonne ne provoque aucun tollé de la part des Gilets jaunes. Le ministre s'assoit avec le maximum de discrétion à une table où il prend des notes en silence. Ce qui était peu imaginable à Paris devient possible dans cette petite commune de 2 000 habitants située aux confins de l'Essonne et de l'Eure et Loir, si caractéristique de cette France périphérique se retrouvant dans le mouvement des Gilets jaunes.

1. Pierre Bréchon, *Les Valeurs des Français. Évolutions de 1980 à 2000*, Armand Colin, 2000.

Le lieu (les participants au débat sont sur leur territoire), l'espace de la prise de parole (une salle de leur mairie ou un espace public qu'ils connaissent – gymnase, salle polyvalente) contribuent à apaiser les conflits. Les participants au débat sont « chez eux », en confiance et se connaissent les uns les autres.

### *Du particulier au général*

Les citoyens du grand débat ont su ne pas s'enfermer dans les questions purement locales propres à telle région ou à telle commune. On parlait de la fermeture de son bureau de poste ou de l'éloignement de l'Ehpad où ses vieux parents étaient en résidence, mais on débouchait aussi assez vite sur la question du maintien des services publics ou de la santé des personnes du troisième âge.

Certes, les participants étaient invités à s'emparer des quatre grandes questions fixées dès le début par le président de la République, mais dans tous les débats j'ai pu constater leur propension à échapper à la feuille de route qui leur était fixée.

Sur le terrain de la démocratie, une analyse quantitative des contributions déposées sur le site du grand débat conclut à une réelle demande de démocratie participative mais ne remettant pas en cause la démocratie représentative. En cela, les contributions au grand débat national sont sensiblement en retrait par rapport aux demandes formulées par le mouvement des Gilets jaunes, notamment en ce qui concerne la place à laisser au référendum d'initiative citoyenne ou au tirage au sort[1].

1. Luc Rouban, « Le grand débat national et la démocratie : première synthèse », *La Note*, Sciences-Po/Cevipof, mars 2019.

L'analyse systématique du corpus des contributions libres recueillies au travers des cahiers citoyens, des courriers et e-mails ainsi que des réunions d'initiative locale révèle la façon dont les Français ont ajouté aux quatre thèmes initiaux nombre d'autres thèmes économiques et sociaux : l'économie et l'emploi, l'éducation et la formation, le pouvoir d'achat, la santé, la solidarité et l'intégration[1].

> « Le problème, c'est celui du pouvoir d'achat, de ce qui reste à vivre au milieu du mois. » (Femme, 50 ans, Grasse.)
>
> « La seule vraie question, c'est le pouvoir d'achat des travailleurs pauvres et des retraités pauvres. » (Homme, 65 ans, Gilet jaune, Beauvais.)
>
> « Il nous faut un service d'urgence à proximité. Qu'y a-t-il de plus urgent que la vie ? » (Homme, 50 ans, Vitry-le-François.)
>
> « Tout est une question de formation… formation au métier et une question d'éducation… d'éducation à la citoyenneté. » (Femme, 30 ans, Esbly.)

Les citoyens font preuve d'une volonté de partir à la recherche de l'intérêt général, sans lequel il n'y a pas de véritable citoyenneté. J'ai constaté la volonté partagée par beaucoup de trouver un sens collectif à leur initiative et à leur implication. À Esbly, un homme d'une cinquantaine d'années intervient : « La fraternité, c'est ce que l'on cherche à faire en débattant. La liberté,

1. Cognito, Bluenove, Roland Berger, *Le Grand Débat national. Analyse des contributions libres : cahiers citoyens, courriers et e-mails, comptes-rendus des réunions d'initiative locale*, rapport final, 5 avril 2019.

on l'a pas, l'égalité, elle n'existe pas. » À Tours, une femme conclut sa réflexion sur les problèmes de l'éducation par : « Il s'agit de trouver le minimum commun à mettre sur la table, quelles que soient nos origines politiques, culturelles ou sociales. » À Beauvais, un petit entrepreneur, après avoir dénoncé la prolifération des textes normatifs rendant impossible la vie des PME, termine en disant : « Il ne faut pas se diviser. On est tous des frères et des sœurs. » À Grasse, une femme très âgée dont tout le discours est articulé autour de la fraternité conclut son propos par : « On ne prend pas aux riches pour donner aux pauvres. On partage. » Chacun à sa manière sent confusément que le grand débat est le moyen d'éprouver le sens de la solidarité qui fait la communauté des citoyens. « Solidarité », « fraternité », « communauté », « partage » sont des mots que j'ai beaucoup entendus.

Interpellés sur leurs défaillances et leur mépris envers l'intérêt général, les politiques, les technocrates, les lobbies, les gens d'en haut sont souvent dénoncés. Parfois, le complotisme n'est pas très loin, et d'obscures entités apparaissent à l'œuvre pour diviser et pervertir la communauté des citoyens. Des « ils » quelque peu inquiétants sont à la manœuvre au plan européen ou au plan mondial, et sont accusés pêle-mêle d'être à l'origine de l'inflation des taxes, de la prolifération des normes législatives et réglementaires. Après avoir abordé la question de la transparence des comptes publics, un jeune homme de 30 ans clôt le sujet en posant la question : « Qui est derrière tout cela ? Où passe ce pognon de dingue ? » (Tours). Une femme d'une quarantaine d'années, à Grasse, qui vient d'aborder longuement la question de l'éducation des tout-petits, termine en évoquant « ceux qui veulent mettre en place une sexualité ouverte pour les enfants de 0 à 4 ans ». Cette vision complotiste, même si elle est présente, permet à ceux qui la convoquent de donner du sens à ce qui change dans l'environnement du monde et qu'ils ont du mal à admettre ou à comprendre.

La globalisation des échanges, la construction européenne, les instruments de gouvernance mondiale sont illisibles aux yeux de beaucoup et peuvent susciter des fantasmes ou de légitimes inquiétudes. En janvier 2019, seulement 23 % des personnes interrogées estiment que « la France doit s'ouvrir davantage au monde d'aujourd'hui », 38 % considérant qu'elle doit « se protéger davantage » et 37 % se retrouvant dans l'option « ni l'un ni l'autre[1] ». La globalisation économique, culturelle et politique est pour beaucoup perçue comme menaçante. Le monde global s'invite tous les jours par les flux d'information dans les foyers des Français, mais l'impression est que cela se fait aux dépens de la connaissance immédiate de la société locale qui vous entoure. Nous sommes dans de nombreux territoires bien loin du schéma heureux de la « glocalisation », c'est-à-dire de la possibilité de concilier les exigences de la mondialisation et celles des sociétés locales[2]. La plupart du temps, c'est le sentiment d'une solitude produite par une proximité qui vous échappe

1. *Baromètre de confiance politique, vague 10. Une colère qui vient de loin*, Cevipof, janvier 2019.

2. Roland Robertson, « Glocalization: time-space and homogeneity-heterogeneity », *in* Mike Featherstone, Scott Lash, Roland Robertson (éd.), *Global Modernities*, Sage Publications, 1995.

et un lointain que l'on n'appréhende que confusément et abstraitement qui affleure dans les propos.

> « Aujourd'hui, on sait ce qui se passe au bout du monde, mais on ne sait pas ce qui se passe chez son voisin. » (Homme, 50 ans, Vitry-le-François.)
>
> « Le monde et les autres ne s'invitent plus chez moi qu'au travers de mon écran de télévision. » (Homme, 70 ans, Grasse.)

### *La recherche d'un monde commun*

Les débats n'ont pas toujours une fonction délibérative, ils sont avant tout des lieux d'expression d'espoirs, de témoignages, d'impressions, de propositions, mais aussi d'inquiétudes, d'angoisses, de projections et de questionnements... Il est important, comme le constate le sociologue Bruno Latour, que la parole politique se remette en mouvement avant de parvenir dans un second temps à « composer la chose publique » et à définir un monde commun[1]. Cette définition d'un monde commun avait été au cœur des cahiers de doléances de 1789. Après plus de deux siècles, le processus du grand débat porte en lui une même volonté de redéfinir les termes d'une communauté politique. Certes, la parole citoyenne charrie des scories, des explications hâtives, des impasses et même des obscurantismes. Mais quelque chose se cherche qui relève de la compréhension du monde tel qu'il est. N'ayant plus confiance dans les professionnels de la parole qui pendant des

1. Bruno Latour, *Où atterrir ? Comment s'orienter en politique ?*, La Découverte, 2017.

décennies ont été les pourvoyeurs du sens collectif, les citoyens bricolent un intérêt collectif en s'inquiétant de leur difficulté à se faire entendre.

> « Chacun a de bonnes idées, mais on n'a pas les moyens de les faire valoir. » (Femme, 60 ans, Grasse.)
>
> « C'est à nous de définir ce qu'on a envie de partager et non à ceux qui parlent trop de l'intérêt général pour être honnêtes. » (Homme, 30 ans, Esbly.)

La méfiance vis-à-vis des « professionnels de la parole » reste vivace. Le seul incident auquel j'ai pu assister a été le départ, après un rappel à l'ordre de l'animatrice de la réunion, d'une femme, syndicaliste de la SNCF, qui monopolisait la parole et tentait avec un comparse de structurer la circulation de la parole dans la réunion. Devant l'hostilité de la salle, qui ne voulait pas de son expertise en matière de débat, il ne restait plus à la syndicaliste qu'à quitter les lieux. La revendication par les participants eux-mêmes d'une parole libre et spontanée a pu leur donner le sentiment de se faire enfin entendre, et peut-être de pouvoir être écoutés.

> « J'ai le sentiment de ne plus être écoutée, de ne plus être considérée… C'est pour cela que ce débat est une grâce ! » (Femme, 50 ans, Pont-Saint-Esprit.)
>
> « Cela faisait des années, des siècles que l'on ne nous donnait pas la parole. Et là, tout d'un coup, une fenêtre, des échos des paroles des autres et de ce que nous avons au fond de nous. » (Homme, 40 ans, Beauvais.)

Cependant, cette reprise en main citoyenne de la parole, jugée par beaucoup salutaire, n'efface pas la méfiance quant aux débouchés politiques du grand débat. Certains participants ont contesté les vertus du dispositif mis en œuvre, rappelant bien la profondeur de la crise de légitimité de l'action publique.

> « C'est une campagne de légitimation. C'est un troisième tour de la présidentielle. C'est une mascarade. » (Homme, 70 ans, Coaraze.)
>
> « Beaucoup de gens hésitent à venir car ils craignent l'usage qui sera fait du débat. » (Femme, 25 ans, Esbly.)
>
> « Que deviendront toutes ces belles idées dans quelques mois ? Quand on se souvient du rapport Borloo ! » (Homme, 60 ans, Vitry-le-François.)

À la fin du grand débat, c'est moins d'un Français sur trois (32 %) qui considère qu'Emmanuel Macron et son gouvernement tiendront compte des points de vue qui se sont exprimés[1]. Le scepticisme sur l'issue du grand débat est partagé, en particulier, par les Gilets jaunes qui y participent. Revêtus de leur gilet, ceux-ci s'agrègent souvent dans un coin de la salle de débat et ne se mélangent pas aisément aux autres participants. L'entre-soi construit sur les ronds-points et dans les manifestations est une réalité qui ne se fond pas aisément dans le cadre plus policé et pluraliste des lieux du grand débat. Mais ceux qui ont fait le choix de s'insérer dans le processus jouent le jeu du débat démocratique et sont piqués au vif par la démarche de démocratie

1. *Les Français et le grand débat national*, enquête Elabe, 3 avril 2019.

participative qui se déroule sous l'autorité bienveillante d'animateurs. Dans le village beauceron de Pussay, quatre Gilets jaunes studieux et appliqués travaillent pendant toute une soirée, sous la houlette d'un médiateur garant de la CNDP, à accoucher de propositions sur l'État et les services publics, à quelques mètres d'un François de Rugy, silencieux et concentré, qui planche en compagnie de six autres citoyens sur des mesures relatives à la démocratie et à la citoyenneté. On est loin du bruit et de la fureur des manifestations de Gilets jaunes et des déclarations négatives de certains leaders. Le peuple des Gilets jaunes est plus divisé qu'on veut bien le dire et ne rejette pas totalement la démocratie participative du grand débat. Certes, une majorité de citoyens proches des Gilets jaunes expriment leur scepticisme : 63 % des personnes qui soutiennent le mouvement considèrent que « l'organisation de ce grand débat national a été plutôt un échec » (49 % dans la population totale)[1].

## *De la participation à la délibération*

Dans le recueil de la parole des Français, l'un des moments les plus intéressants du grand débat sera celui des vingt et une conférences citoyennes, organisées les 15-16 et 22-23 mars dans l'ensemble des régions françaises et rassemblant, pour l'une d'entre elles, une population jusqu'alors peu présente dans le processus : les jeunes de 18 à 25 ans. Ces conférences doivent mettre en œuvre un dispositif délibératif susceptible

1. *Le Grand Débat national, quelle perception par les Français ?*, enquête Harris Interactive/Epoka pour LCI et *Le Figaro*, 14 mars 2019.

de déboucher sur des propositions citoyennes. Les 1 403 citoyens qui participeront à cette entreprise sont tirés au sort et invités à débattre, sous le pilotage de professionnels du débat public, pendant une journée et demie. Ces 252 heures d'échanges (21 conférences régionales de 12 heures chacune) aboutiront à 222 propositions collectives. Cet exercice de démocratie délibérative aura l'immense avantage de toucher des citoyens français et non seulement ceux qui, sur la base du volontariat, s'étaient engagés dans le débat public ; 61 % des personnes rassemblées dans ces conférences n'avaient jamais participé à une réunion publique ou participative. Le niveau de satisfaction enregistré quant à la qualité des échanges citoyens fut plutôt élevé (7,8 sur une échelle en 10 points). En témoigne l'étonnante implication des participants à la conférence citoyenne régionale d'Île-de-France que j'ai pu observer. Tenue à Paris au Grand Palais, les 15 et 16 mars, la session du samedi se déroula en pleine manifestation des Gilets jaunes, au son des déflagrations de grenades lacrymogènes. Quel contraste saisissant entre le travail studieux et appliqué de cette centaine de citoyens et l'affrontement violent entre Gilets jaunes et forces de l'ordre qui se déroulait à quelques centaines de mètres de là ! Deux univers se côtoyaient, celui de l'affrontement direct de la démocratie manifestante et celui de l'apaisement lié à la lente construction du consensus caractéristique de la démocratie délibérative. Cette impression fut renforcée, une semaine plus tard, à Strasbourg, où se tenait la conférence citoyenne régionale du Grand Est. Un certain scepticisme à l'égard du processus était tangible dès le début de la réunion. Puis, entrant dans la logique de l'échange, de l'argumentation, de l'information et de la construction de propositions, la méfiance se dissipa peu à peu. Une même ardeur studieuse qu'à Paris, une même intelligence collective et une même capacité à dépasser les diversités d'opinions pour construire ensemble des solutions se déplièrent. L'un des participants me fit part de sa conviction : « On a besoin de renverser la pyramide de décision [...]. On vient d'horizons divers, c'est ce qui donne la richesse au débat. C'est très constructif. »

## Le grand débat national et ses suites

Le grand débat a incontestablement eu sa place dans l'esprit des Français. Tous en ont entendu parler. Une grande majorité (70 %) reconnaît que, d'une manière générale, le fait d'organiser ce débat a été une bonne chose, 29 % pensant le contraire – particulièrement chez les sympathisants du Rassemblement national : (56 %) et chez ceux de la France insoumise (39 %). En revanche, l'opinion est beaucoup plus partagée quand il s'agit de savoir si le grand débat a été plutôt une réussite (49 %) ou plutôt un échec (49 %)[1]. Le scepticisme sur la capacité du pouvoir à tenir compte de ses enseignements est fort (68 % n'y croient pas). Seuls les électeurs proches de La République en marche se montrent optimistes. Des attentes pressantes se sont exprimées sur le terrain social (pouvoir d'achat, impôts et taxes), mais la capacité prêtée au pouvoir sur ce terrain pour y

1. *Ibid.*

répondre reste faible. Et ce d'autant plus que le grand débat a vu éclore de très nombreuses propositions. Le pouvoir lui-même reconnaît ses limites face à l'ampleur de celles-ci. Dès le 5 mars, le Premier ministre met en garde les députés de La République en marche : « Le risque déceptif est important. » Quelques jours après, le 15 mars, il réitère sur Europe 1 : « L'objectif n'est pas du tout d'être déceptif [...] mais la France a-t-elle les moyens de financer tout ? »

Le 8 avril, le Premier ministre fait une première restitution du grand débat où il retient, au premier plan, ce qu'il appelle une « immense exaspération fiscale ». Cependant, il ne déflore pas trop le sujet, sachant que le président de la République a prévu d'apporter son analyse et ses réponses lors d'une conférence de presse le 25 avril.

### *La réponse présidentielle*

Au cours de cette conférence, après avoir défendu son implication personnelle dans le grand débat[1], le président de la République fait part de trois éléments qui l'ont frappé à l'écoute de ce qui s'est dit pendant deux mois. Il retient du grand débat l'expression d'un « grand sentiment d'injustice » (fiscale, territoriale, sociale). Ensuite, celle d'un sentiment de « manque de considération ». Il parle enfin du « sentiment d'abandon » éprouvé par les Français et de la peur des grands changements (climat, immigration, numérique, déclassement

1. « J'ai voulu ce grand débat national, exercice inédit dans les démocraties contemporaines, dans lequel je me suis personnellement engagé aux côtés des maires. »

social, vieillissement). À partir de ce constat, il propose aux Français quatre orientations pour les années à venir. Son premier axe est relatif à la question démocratique. Il s'agit de « changer beaucoup plus en profondeur et rapidement notre démocratie » (meilleur statut pour les maires, dose de proportionnelle, limitation du cumul des mandats dans le temps, réduction du nombre de parlementaires, simplification de l'usage du référendum d'initiative partagée, renforcement du droit de pétition, réforme du Conseil économique, social et environnemental, et transformation en un conseil de la participation citoyenne, nouvel acte de décentralisation). Tout en donnant une place plus importante à la démocratie participative (conseil de citoyens tirés au sort, 1 million de signatures pour déclencher un éventuel référendum d'initiative partagée), le président redit son attachement à la démocratie représentative, mais en insistant sur une plus grande efficacité de celle-ci et sur un enracinement local dont il semble avoir retrouvé toutes les vertus.

Fort de ce nouveau credo démocratique, il entreprend ensuite de calmer les inquiétudes sociales en mettant en avant la nécessité de « remettre l'humain et la justice au cœur du projet national » (lutte contre l'évasion fiscale, baisse des impôts pour ceux qui travaillent, suppression de niches fiscales, lutte contre les inégalités d'origine par une politique de la petite enfance et par l'éducation, réindexation des retraites de moins de 2 000 euros). Ces mesures cherchent à répondre aux nombreuses prises de parole dans le grand débat qui dénonçaient les inégalités fiscales et sociales.

Au-delà de la question centrale des inégalités, les Français ont aussi fait part de leurs inquiétudes par rapport aux grands changements climatiques, démographiques et technologiques qui interviennent dans leur environnement. Emmanuel Macron entend « assumer la clarté, la force d'un investissement dans les grandes transitions pour bâtir la confiance ». Il fixe pour cela une feuille de route : convention citoyenne de citoyens tirés au sort pour des propositions sur la transition climatique, conseil de défense écologique, agenda 2025 sur les questions de stratégie alimentaire et agricole, de numérique et de réindustralisation, reconstruction d'un système de retraite juste par points, mesures relatives au risque du grand âge, plein-emploi à l'horizon 2025. Le président de la République finit sa présentation par un vibrant plaidoyer sur « l'art d'être français », où il affirme la nécessité de « savoir défendre et réaffirmer les permanences du projet français », c'est-à-dire sa politique familiale, son soutien à l'engagement associatif, la réaffirmation de la loi de 1905 en matière de laïcité et la nécessité de refonder la politique migratoire.

### *La réception dans l'opinion*

Malgré cet aveu du président – « le grand débat m'a transformé, j'ai compris mes concitoyens » –, le pays, lui, n'a toujours pas le sentiment d'être compris. Les trois quarts des Français (75 %) considèrent que le grand débat ne permettra pas une sortie de la crise que traverse le pays (Elabe, 24 avril 2019). Tous les électorats sont concernés, mais on remarquera que, parmi les sympathisants proches de LaREM, 43 % pensent de même. Le scepticisme sur la sortie de crise s'exprime jusqu'au cœur du soutien le plus fidèle du président.

Quelques frémissements positifs sont enregistrés auprès des publics plus ou moins proches du macronisme (professions indépendantes, sympathisants LaREM, droite classique), mais ils ne déplacent pas les lignes de l'impopularité persistante du pouvoir présidentiel et du gouvernement.

Sur ce point, il n'y aura donc pas d'effet grand débat. Et l'effet de conviction de sortie de crise par le grand débat reste modeste. Alors même qu'Emmanuel Macron reconnaît devant tous les Français qu'il « peut mieux faire », les mesures qu'ils proposent sont reçues sinon avec défiance ou rejet, en tout cas de façon très mitigée. En effet, les trois quarts et plus des Français ne considèrent pas qu'ils pourront améliorer leur situation personnelle (74 %), ni répondre aux attentes des Gilets jaunes (77 %), et encore moins permettre une sortie de la crise que traverse le pays (78 %) (Elabe, 26 avril 2019). Comparé au sondage de l'avant-veille (Elabe, 23-24 avril), soit avant l'intervention du président, la défiance vis-à-vis de la sortie de crise a même augmenté de trois points.

Seuls 37 % des Français ayant entendu parler de la conférence de presse du président de la République l'ont trouvé convaincant. Le président a bien sûr convaincu ses partisans (88 % des sympathisants de LaREM), mais le rejet est massif dans tous les autres électorats. Le paradoxe veut que la plupart des Français approuvent pourtant une majorité des mesures proposées par le président – la réindexation des retraites de moins de 2 000 euros (84 %), la baisse de l'impôt sur le revenu (83 %), la création de maisons des services publics dans chaque canton (79 %)... – mais que l'ensemble ne convainc pas ; sans doute n'y croient-ils pas. Pour 61 % des Français, ces mesures ne sont pas « la marque d'une modification importante par rapport à ce qui a été fait depuis l'élection d'Emmanuel Macron », pour 68 % elles ne répondent pas « aux attentes des Français », pour 80 % elles ne pourront « mettre fin au mouvement des Gilets jaunes ». Si le grand débat a pu contribuer à atténuer la spirale de l'impopularité du président de la République, celui-ci n'a pas pour autant retrouvé une crédibilité quant à son action politique.

Excepté le soutien des sympathisants LaREM parmi lesquels 69 % se montrent satisfaits de son action en cette fin du mois d'avril, les sympathisants des forces centrales, qui lui sont pourtant plutôt acquis, ainsi que les sympathisants des ex-forces de gouvernement, Parti socialiste et Les Républicains, ne sont que peu à témoigner de leur confiance. Seuls 27 % des proches du MoDem, 21 % de l'Union des démocrates et indépendants, 15 % de LR et 10 % du PS se montrent satisfaits. Dès que l'on quitte le seul cercle des proches de La République en marche, l'insatisfaction et au mieux le scepticisme règnent en maître, et cela est encore plus marqué parmi les Français se positionnant à gauche qu'à droite. Quant à ceux qui se reconnaissent dans les forces extrêmes de l'arc partisan, l'insatisfaction atteint des sommets : 78 % des sympathisants de La France insoumise comme 79 % des sympathisants du Rassemblement national.

## *Les difficultés sont devant*

Au cœur de l'été, Emmanuel Macron en a bien conscience : interrogé par les journalistes au fort de Brégançon le 27 juillet, il précise : « Je ne crois pas du tout que ce qui a, à un moment, créé la colère sincère d'une partie de la population soit derrière nous [...]. Je pense qu'il y a une partie à laquelle nous avons su répondre, il y a une partie à laquelle nous n'avons pas encore répondu parce que ça prend du temps, il y a aussi une colère à laquelle il n'y a pas forcément de réponses immédiates. »

Le président de la République se rend bien compte de la difficulté de la réponse politique à fournir à la crise des Gilets jaunes, et il a conscience que prendre en compte les doléances exprimées dans le grand débat ne sera pas chose aisée. Le spectre des revendications est tellement large, et certaines d'entre elles témoignent d'une telle opposition aux réformes mises en œuvre au cours de la première moitié du mandat d'Emmanuel Macron (en particulier la suppression de l'ISF sur les biens mobiliers), qu'il est pour lui très difficile de convaincre. Il le dit lui-même au début de sa conférence de presse : « Est-ce qu'on a fait fausse route ? Je crois tout le contraire, je crois que les transformations en cours et les transformations indispensables à faire dans notre pays ne doivent pas être arrêtées. »

D'ailleurs, le président de la République reste en cohérence avec l'idée qu'un acte 2 de la présidence ne peut entrer en contradiction avec l'acte 1. Les Français le constatent très rapidement lorsque, au lendemain de la restitution présidentielle du grand débat, la réforme des retraites est relancée alors qu'elle est – comme toutes les réformes des retraites du passé – impopulaire. Le 18 juillet 2018, Jean-Paul Delevoye remet au Premier ministre un rapport avec ses préconisations issues de dix-huit mois de concertation avec les partenaires sociaux, qui servira de base à un projet de loi à venir. Les Français restent très partagés. Consultés début juillet par l'institut Elabe, 47 % d'entre eux se déclarent opposés à la réforme, 27 % y sont favorables et 25 % n'y sont ni favorables ni opposés.

Aucune catégorie sociale n'est majoritairement favorable à la réforme. Politiquement, la réforme fait apparaître des clivages très marqués entre d'un côté les électeurs d'Emmanuel Macron et de François Fillon au premier tour de l'élection présidentielle de 2017, qui sont respectivement 60 % et 55 % à être favorables à la réforme, et, de l'autre côté, les électeurs de Jean-Luc Mélenchon et de Marine Le Pen, qui sont respectivement 71 % et 65 % à y être opposés. L'espace social et politique pour les réformes à venir reste étroit. Il n'est pas sûr que le divorce entre une démocratie représentative présidentielle et parlementaire qui date de 2017 et la démocratie participative de 2019 puisse se résorber. Par exemple, il est symptomatique que la réforme des retraites préparée en amont par une très longue concertation associant citoyens et forces sociales ne débouche pourtant pas sur une confiance retrouvée lorsque la représentation politique s'en saisit.

Il y a bien une fragmentation au cœur de la démocratie entre les instances participatives et représentatives. L'idée d'enrichir la démocratie représentative avec des méthodes non électorales, non majoritaires (mais délibératives et consultatives) rencontre ses limites. La démocratie participative, censée revivifier la démocratie représentative et consolider la légitimité démocratique, peut entrer en tension avec la démocratie représentative. Cela peut éclairer la mise en place de ce que John Hibbing et Elizabeth Theiss-Morse appellent la « démocratie furtive » (*stealth democracy*[1]), c'est-à-dire une démocratie où les citoyens délèguent leur parcelle de souveraineté à des professionnels pour gérer l'action publique et jugent celle-ci au résultat. Le dilemme de la démocratie est de savoir si la crise de la démocratie peut trouver une réponse dans une participation citoyenne accrue et une démocratie participative plus vivante ou, au contraire, si l'on va vers une démocratie furtive dans laquelle le rôle du citoyen demeure central, mais où la place des experts et des technocrates est accrue.

1. John Hibbling, Elizabeth Theiss-Morse, *Stealth Democracy, American's Beliefs about How Government Should Work*, Cambridge University Press, 2002.

# 4

# Les élections européennes : la démocratie représentative à l'épreuve

Les élections européennes du 26 mai 2019 marquent la fin d'un cycle ouvert par le mouvement des Gilets jaunes porteur d'une conception d'une démocratie directe immanente et par la démocratie participative du grand débat. La démocratie représentative allait pouvoir s'exprimer et l'on attendait son verdict. Mais la campagne électorale ayant été réduite à sa plus simple expression, et la participation des électeurs relativement mitigée, le verdict des urnes n'a offert ni un vrai débouché électoral *sui generis* à la protestation des Gilets jaunes ni la possibilité d'une prolongation de la mise en parole de la société française orchestrée par le grand débat national.

Mais, ce 26 mai 2019, ce sont presque 24 millions d'électeurs qui se sont rendus aux urnes. C'est à peu près 12 fois plus que le nombre de citoyens ayant participé au grand débat national (2 millions environ) et 80 fois plus que le nombre le plus élevé de manifestants enregistrés lors de la manifestation la plus suivie des Gilets jaunes. D'autre part, même si elle surreprésente les couches sociales supérieures et moyennes, la représentation électorale connaît moins de biais sociaux et culturels que la démocratie participative ou la démocratie manifestante. Par ailleurs, le vote s'inscrit dans le temps long d'un mandat qui n'a que peu de choses à voir avec le temps court de la démocratie directe. Cette distorsion des temps politiques crée un grand écart entre les deux démocraties. La démocratie électorale interpelle la légitimité et l'instantanéité de la démocratie directe, qu'elle s'exprime par la manifestation ou par des assemblées générales au statut démocratique incertain. La démocratie directe se méfie de la délégation qu'impliquent le vote et la représentation, et elle veut mettre celle-ci sous contrôle permanent. Le trait commun le plus fort des diverses listes qui, aux élections européennes, revendiquent une identité « Gilet jaune » est leur attachement à un référendum d'initiative citoyenne et à des assemblées citoyennes pouvant remettre en cause les lois votées par le Parlement. Plus que d'un mode d'articulation entre démocratie directe, démocratie participative et démocratie représentative, il s'agit donc de mettre la dernière sous dépendance des deux premières.

Mais on retiendra aussi de cette séquence de clôture un signe de réconciliation possible. La participation protestataire est d'autant plus valorisée par les citoyens que la participation conventionnelle (particulièrement celle du vote) l'est.

Dans le nouvel espace politique qui se crée, la « démocratie électronique » joue de manière évidente un rôle de plus en plus important. Celle-ci ne doit pas se penser comme un substitut aux médiations démocratiques traditionnelles, mais comme un outil, parmi d'autres, de revitalisation de l'espace public, un vecteur de nouveaux modes de délibération. Elle peut créer tout un ensemble de nouvelles pratiques qui contournent les modes classiques de la représentation électorale pour inventer des mécanismes permettant à la fois l'expression des intérêts et la prise en compte de la compétence des citoyens. De nouvelles formes de délibération démocratique se développent et parfois s'institutionnalisent : réunions d'initiative locale dans le cadre du grand débat, conférences citoyennes régionales, conférences de consensus, *focus groups*, sondages délibératifs, jurys de citoyens, comités de quartier, etc.

Ainsi, comme un corps malade sécrète des anticorps, la démocratie désenchantée de ce début de XXIe siècle invente aux marges de la démocratie représentative de nouvelles pratiques qui tentent de faire porter la délibération collective sur des objets réels et non seulement sur des espérances ou sur des mythes. Y parvient-elle vraiment ? Ces nouvelles filières directes et participatives de la démocratie mobilisent de toute évidence les citoyens. Mais elles sont loin du compte dès lors qu'on les compare à la capacité de mobilisation des élections et à la force de la représentation électorale, et ce même lors des élections européennes qui sont depuis toujours moins mobilisatrices.

## La démocratie représentative sous tension

Comme le fait remarquer la philosophe Myriam Revault d'Allonnes, la démocratie représentative est intrinsèquement en crise car il n'y a jamais eu « une représentation parfaite, adéquate, sans tension ni discordance entre représentés et représentants[1] ». Mais le trouble propre à la démocratie représentative contemporaine tient au fait que nombre d'éléments qui lui donnaient sens se sont recomposés. Dans l'immédiat après-Seconde Guerre mondiale, la démocratie représentative s'est reconstruite sur les décombres des dictatures qui avaient triomphé, quelques années plus tôt, au cœur de la Vieille Europe. En France comme ailleurs, la participation électorale a permis le retour de la représentation politique et de la légitimité démocratique issue des urnes. Mais, soixante-dix ans plus tard, cette dernière semble en difficulté, et les citoyens, bien que fondamentalement attachés aux principes de l'acte électoral, s'en détournent quelque peu, ou du moins en font usage différemment.

### *L'habitude de l'abstention*

Tous les records d'abstention aux élections, qu'elles soient locales, nationales ou européennes, ont été battus au cours des trente dernières années. Les élections européennes de mai 2019 ont de nouveau enregistré une forte atonie de la participation : presque la moitié des électeurs inscrits se sont abstenus (49,9 %) – ils n'étaient que 38 % lors des premières élections européennes en 1979. Lorsqu'on analyse cette poussée de l'abstention, on s'aperçoit que deux types d'abstentionnisme cohabitent. D'un côté, un abstentionnisme d'indifférence, qui rassemble des citoyens très éloignés du système politique, souvent peu éduqués, de condition sociale défavorisée. Leur abstentionnisme ne fait que

1. Myriam Revault d'Allonnes, *Le Miroir et la Scène. Ce que peut la représentation politique*, Le Seuil, 2016.

refléter la distance sociale et culturelle qui les sépare du système politique. Cet abstentionnisme à forte composante sociologique n'est pas en forte croissance.

En revanche, d'un autre côté, se développe un abstentionnisme de protestation qui peut toucher des citoyens éduqués (46 % des citoyens ayant un diplôme du supérieur se sont abstenus), jeunes (73 % des 18-24 ans ont choisi l'abstention), de statut social moyen ou même supérieur (47 % des professions libérales et cadres supérieurs n'ont pas participé) et parfois politisés. Ces citoyens ne se retrouvent plus dans le système politique tel qu'il fonctionne, et leur abstention entend signifier leur désaccord avec l'offre électorale proposée et, plus radicalement, leur protestation vis-à-vis de la démocratie représentative, du système des partis et des hommes politiques. Cette population d'abstentionnistes protestataires s'accroît tendanciellement et agrandit le fossé qui sépare le monde de la représentation politique et celui de citoyens intéressés par la chose publique mais insatisfaits de l'offre politique. Celle-ci est pourtant de plus en plus abondante et diversifiée, mais elle est toujours jugée décevante par les citoyens. Ce contexte protestataire et défiant est aussi favorable au vote blanc. Celui-ci progresse et exprime un vrai malaise envers le système politique et ses modes de représentation. Le 26 mai 2019, 4,5 % des votants, soit plus d'un million d'électeurs, ont choisi de voter blanc ou nul alors qu'il y avait trente-quatre listes en compétition. En 2017, lors de l'élection présidentielle, le vote blanc et nul avait atteint les 2,6 % de votants au premier tour et avait battu un record historique au second avec 11,5 %.

On pouvait alors parler d'une véritable « mobilisation négative[1] ».

On voit bien comment, dans cette population de citoyens protestataires, se construit un nouveau type de rapport au vote, beaucoup moins permanent qu'auparavant, moins valorisé et plus intermittent. Le vote n'est plus qu'un moyen parmi d'autres de participer à la politique, il n'est utilisé qu'épisodiquement et peut être rejeté pour privilégier d'autres modes d'expression politique (manifestations, pétitions, occupations de locaux, violences…). Les voies de la démocratie directe et de la démocratie participative sont explorées par nombre de déçus de la démocratie représentative et de son moment essentiel qu'est l'élection.

### *Des corps intermédiaires affaiblis*

Partis et syndicats deviennent de plus en plus des organisations de professionnels parfois peu irriguées par la demande sociale. On estime à environ 2,7 % de la population électorale le pourcentage de ceux qui appartiennent à un parti. Quant aux syndiqués, environ 10 % seulement des salariés ont leur carte. La représentativité de ces organisations est très faible, et ce phénomène ne fait que renforcer la distance entre la représentation politique et syndicale et les citoyens. En janvier 2019, 9 % des Français déclarent avoir confiance dans les partis politiques et 27 % dans les syndicats. Partis et syndicats ne jouent plus leur rôle de corps intermédiaires

1. Anne Muxel, « La mobilisation électorale, du décrochage civique à l'abstention record », *in* Pascal Perrineau (dir.), *Le Vote disruptif. Les élections présidentielle et législatives de 2017*, Presses de Sciences-Po, 2017, p. 155-173.

représentant les intérêts et les demandes de la population. Privé de l'information que faisaient remonter ces corps intermédiaires, le pouvoir politique a du mal à rester en prise avec les attentes des citoyens et pilote la société dans un grand flou.

En dépit d'un intérêt pour la politique qui ne s'est pas effondré quand on l'observe sur une longue période, l'image de ceux qui font vivre la démocratie au quotidien s'est beaucoup détériorée. En janvier 2019, 85 % des Français considèrent que « les responsables politiques en général ne se préoccupent pas de ce que pensent les gens comme eux ».

Ce malaise dans la représentation s'accompagne souvent d'une dénonciation de la corruption qui touche la classe politique. Une forte majorité de Français (72 % en janvier 2019) pense que les élus et les dirigeants politiques sont « plutôt corrompus ». La confiance est l'un des principaux ressorts du projet démocratique. Elle a été théorisée comme étant au principe même du système représentatif dès la Révolution française, ainsi qu'on peut le lire dans les écrits de Sieyès et dans les débats de l'Assemblée constituante : « Les électeurs donneront leur confiance, écrit Sieyès, à des personnes plus capables qu'eux de connaître l'intérêt général » (discours du 7 septembre 1789 sur le veto royal). Mais, aujourd'hui, la défiance s'impose et définit une nouvelle norme d'attitudes et de comportements qui peuvent entamer le projet démocratique. Cela favorise des espaces électoraux s'ouvrant à des courants politiques peu attachés à la démocratie pluraliste (extrémismes de gauche et de droite, néopopulismes...), et mettant à mal les forces de gouvernement. Le 26 mai dernier, 44 % des électeurs se sont tournés vers des listes de nature protestataire. Déjà, lors du premier tour de l'élection présidentielle de 2017, les candidats de ces courants avaient rassemblé 41 % des voix.

### *Vers un cycle de politisation négative*

Albert O. Hirschman a montré, dans un livre intitulé *Bonheur privé, action publique*, que les sociétés démocratiques connaissaient des alternances cycliques entre des phases de fort investissement dans l'action publique et des phases de désinvestissement favorisant un repli sur les « bonheurs privés[1] ». Cette grille de lecture peut être appliquée à la société française ayant cru, dans les années 1970 et jusqu'au début des années 1980, aux vertus de l'action publique pour opérer des changements avant la profonde désillusion intervenue en 1983 avec le tournant de la rigueur opéré par la gauche socialiste au pouvoir. Après la victoire de François Mitterrand en 1981 et les espoirs de changement qu'elle avait suscités, ce tournant avait laissé la place à la déception et ouvert un cycle de désinvestissement de la confiance en la représentation politique issue de l'élection. Le retour vers l'action publique se fait, mais sur un mode protestataire et au travers d'une forme de « politisation négative » ainsi identifiée par Jean-Louis Missika, mettant à mal la démocratie représentative[2].

Les manifestations des Gilets jaunes, souvent émaillées de violences, sont symptomatiques de cette forme

1. Albert O. Hirschman, *Défection et prise de parole*, Fayard, 1995.

2. Jean-Louis Missika, « Les faux-semblants de la dépolitisation. Notes sur l'évolution de l'opinion française », *Le Débat*, art. cité.

de nouvelle politisation difficilement intégrable dans le système représentatif démocratique classique. On peut même parler d'un profond clivage entre la démocratie directe manifestante et la démocratie représentative. L'incapacité du mouvement des Gilets jaunes à s'entendre sur la possibilité d'une liste unie pour les européennes et le très faible score atteint par les listes qui s'en réclamaient malgré tout sont révélateurs de cette relative incompatibilité. Ingrid Levavasseur a tenté en janvier 2019 de fédérer une liste RIC (Référendum d'initiative citoyenne) mais elle suscita très vite de multiples oppositions au sein des Gilets jaunes. Le 24 janvier, Éric Drouet, un autre leader en vue du mouvement, résumait bien cette allergie de la démocratie manifestante à se voir représentée par le biais d'un processus électif : « Voter Gilets jaunes, c'est voter Macron. » On ne peut mieux résumer l'impossibilité de la démocratie directe des Gilets jaunes à s'articuler à la démocratie représentative.

Faute de s'accorder sur un instrument de représentation, le mouvement va choisir l'éclatement en plusieurs listes, la protestation au travers du vote en faveur des listes des forces populistes classiques (Rassemblement national et France insoumise) ou encore l'abstention. Les listes se réclamant plus ou moins explicitement du mouvement des Gilets jaunes seront au nombre de quatre : l'Alliance jaune – La révolte par le vote, Évolution citoyenne, Mouvement pour l'initiative citoyenne, et Ensemble patriotes et Gilets jaunes. Aucune de ces listes ne parviendra à dépasser la barre du 1 % de suffrages exprimés, et même la liste « Gilet jaune » la plus visible (Alliance jaune – La révolte par le vote) n'attirera que 1 % des électeurs se sentant proches des Gilets jaunes et 1 % de ceux qui ont participé à des manifestations. L'étiquette « Gilet jaune » n'a donc pas été un instrument de ralliement électoral, sauf pour le noyau dur des manifestants : 47 % des citoyens se sentant « Gilet jaune » ont choisi l'abstention, et ceux qui ont voté se sont portés massivement sur la liste du Rassemblement national (43 %) et, à un degré nettement plus faible, sur celle de La France insoumise (12 %). Une participation aux manifestations s'est accompagnée d'une participation électorale un peu plus élevée : 38 % seulement des manifestants se sont abstenus. Ceux qui sont allés voter ont d'abord choisi la liste du Rassemblement national (38 %), puis la liste de La France insoumise (15 %). Le mouvement des Gilets jaunes n'a pas trouvé sa représentation électorale en son sein, mais il a très clairement trouvé un débouché politique au travers des votes pour des forces extrêmes.

### *Une déliaison de la représentation politique*

À plusieurs reprises dans l'histoire de notre pays, la démocratie sous sa forme représentative a été soumise aux critiques acerbes des extrémismes politiques. Par exemple, l'extrême droite, dans les années d'entre-deux-guerres, avait alimenté sa dynamique des faiblesses de la démocratie parlementaire. L'État de Vichy s'est nourri du soutien d'une extrême droite qui ne vouait que le plus grand mépris aux subtils mécanismes de la démocratie représentative et croyait aux vertus des minorités agissantes. L'extrême gauche et sa condamnation de la « bêtise parlementaire » ont été, dans les années 1968 et suivantes, les vecteurs d'une contestation radicale de la démocratie pluraliste. Cette extrême gauche, du reste, a véhiculé une croyance dans les vertus supposées de l'action directe (et même éventuellement du terrorisme). Certes, à des degrés moindres que l'Italie et l'Allemagne, la France a connu ses « années de plomb ».

Autres courants critiques de la démocratie représentative et de ses limites, le discours technocratique et le discours autogestionnaire qui se retrouvent dans la croyance commune d'une société capable de s'autogouverner en recourant aux experts ou aux représentants de la société civile. Dans les années 1950 et 1960, les discours sur la fin du politique et sur la possibilité pour les sociétés de se gouverner par le recours aux technocrates ont pu séduire. Ces thèses que l'on retrouve dans les ouvrages de Burnham ou encore de Galbraith, prônent « l'ère des managers[1] » et ressuscitent le vieux rêve saint-simonien de substituer « l'administration des choses au gouvernement des hommes ». Ce discours a particulièrement travaillé la droite de gouvernement dans la phase gaullienne de la V^e^ République, où le développement de la technocratie issue de la haute fonction publique a contribué à délégitimer la démocratie représentative classique. Plus tard, à gauche, à la fin des années 60 et au début des années 70, le discours autogestionnaire en a été le pendant. Toute une partie de la gauche a vanté les charmes de l'autogestion, les

1. James Burnham, *L'Ère des organisateurs*, Calmann-Lévy, 1947 ; John Kenneth Galbraith, *Le Nouvel État industriel*, Gallimard, 1967.

capacités de la société à s'auto-organiser et le recours salvateur à la société civile qui n'aurait aucun des maux du monde politique. Certes, la société civile invoquée par la gauche autogestionnaire n'avait pas le même profil que celle de la société des savants à laquelle rêve la technocratie, mais l'idée de rénover la politique par le recours à des non-professionnels de la politique leur est commune[1].

La crise actuelle de la démocratie représentative est aussi amplifiée par la globalisation, et par le fait que les valeurs collectives et cohésives semblent s'éroder. La scène nationale qui reste le lieu d'élection de la démocratie représentative apparaît marginalisée par la mondialisation qui déplace les enjeux et les lieux du combat politique. En même temps, l'étiolement des valeurs qui définissent le « commun » de nos scènes démocratiques nationales entraîne une fragmentation de celles-ci en autant de communautés centrées sur la défense de leurs intérêts particuliers. La représentation politique reflète de plus en plus mal les clivages qui sont à l'œuvre dans la société d'aujourd'hui. La société française est marquée par un profond mouvement d'individuation et de prise de distance par rapport aux allégeances collectives traditionnelles.

S'interrogeant en 1990 sur la « désertion civique », le philosophe Marcel Gauchet constatait que nous basculions vers « un individualisme de déliaison et de

1. En janvier 2019, 50 % des Français considèrent que le fait « que ce soient des experts et non un gouvernement qui décident ce qui leur semble meilleur pour le pays » est une bonne façon de gouverner ; 42 % pensent le contraire (*Baromètre de confiance politique, vague 10*, Cevipof, janvier 2019).

désengagement, où l'exigence d'authenticité devient antagoniste de l'inscription dans un collectif[1] ». Ce mouvement de déliaison est sensible à trois niveaux. Au plan idéologique, le vieux clivage gauche-droite qui structure depuis des décennies nos choix et nos orientations politiques connaît une crise profonde. Si une majorité, souvent, de citoyens se sentent appartenir à la gauche et à la droite, cela ne veut pas dire pour autant que ces catégories leur semblent pertinentes aujourd'hui pour comprendre les prises de position des partis et des hommes politiques sur les grands enjeux (Europe, globalisation, politique internationale...). En juin 2019, 50 % des Français se situent au centre ou ne savent pas se situer sur l'axe gauche-droite. Ils sont même 67 % dans la population des jeunes électeurs de 18 à 24 ans. Ce malaise dans le clivage gauche-droite se ressent presque dans tous les électorats : 47 % des électeurs de la liste de La France insoumise, 42 % de celle du Parti socialiste-Place publique, 58 % de celle d'Europe Écologie Les Verts, 15 % de celle des Républicains et 36 % de celle du Rassemblement national adoptent ce même positionnement[2]. Sur de nombreux thèmes, les vieux collectifs d'appartenance idéologique connaissent une vraie crise d'identité.

Des clivages pluriels traversent désormais toute la stratification sociale : sécurité et insécurité de l'emploi, ménages à un salaire et ménages à deux salaires,

1. Marcel Gauchet, « Pacification démocratique, désertion civique », *Le Débat*, n° 60, mai-août 1990.

2. *Le Positionnement des Français sur un axe gauche-droite*, sondage Ifop pour Atlantico, juin 2019.

accès différencié aux ressources distribuées par l'État-providence. Ce mouvement de différenciation s'est accompagné d'un très fort développement des classes moyennes salariées (cadres moyens et supérieurs) qui, depuis la décennie 1990, dépassent le poids des couches ouvrières dans la population active. Cette importante constellation centrale a entraîné une « moyennisation » de la société française s'accompagnant d'une panne de la « figuration sociale » autour de laquelle s'organisait la représentation politique[1]. Par exemple, le processus de « gentrification » que connaît la gauche contribue beaucoup à rendre de plus en plus indistincts les clivages entre gauche et droite.

Comme l'a remarqué Pierre Rosanvallon dans *Le Peuple introuvable*[2], dans une société peu lisible sociologiquement et moins clivée idéologiquement, les procédures représentatives perdent leur évidence sensible. Autre changement sensible, une reconfiguration de l'inscription des clivages politiques dans des territoires fortement typés. Gauche et droite se sont souvent enracinées dans des géographies particulières. Tout en connaissant une certaine pérennité, celles-ci ont aujourd'hui tendance à être recomposées au travers de l'accélération des migrations intérieures. Les mutations de l'appareil productif, l'étalement des phénomènes d'urbanisation, le morcellement des territoires particuliers ont favorisé une mobilité et une circulation permanentes. Ces territoires de plus en plus éclatés et abstraits sont peu porteurs d'identités politiques fortes et pérennes.

1. Henri Mendras, *La Seconde Révolution française*, Gallimard, 1988.
2. Pierre Rosanvallon, *Le Peuple introuvable. Histoire de la représentation démocratique en France*, Gallimard, 1998.

Ce déplacement des substrats territoriaux, sociaux et idéologiques de la représentation politique a provoqué un profond malaise démocratique qui s'exprime avec une virulence particulière lorsque la question européenne est à l'agenda politique. Cette dernière renvoie surtout à des oppositions culturelles (sur la conception de l'avenir, l'ouverture à l'autre, la confiance dans le changement, le rapport à l'État), ce qui accentue encore le processus de redistribution des cartes entre l'échelon national et l'échelon supranational de la politique. Dans les élections européennes de mai 2019, si 61 % de l'ensemble des électeurs disent avoir voté en fonction d'enjeux européens (89 % des électeurs écologistes, 82 % des électeurs socialistes, 79 % des électeurs de LaREM et 71 % de ceux de LR), les enjeux nationaux sont davantage pris en compte par les électeurs du Rassemblement national (67 %), de Debout la France (54 %) et, à un moindre degré, par les électeurs de la France insoumise (44 %). Ainsi l'Europe fait-elle éclater non seulement les vieux ancrages territoriaux de la gauche et de la droite, mais aussi la scène de l'État-nation comme seul lieu d'expression et de médiatisation des conflits.

Davantage que des logiques sociales lourdes, ce sont des systèmes de représentation du monde, de la société et de l'avenir qui donnent un sens à ce clivage relatif à l'Europe, à la mondialisation. Ce clivage ne cesse de travailler la vie politique et sociale des pays européens. Les débats sur le GATT, les élections européennes, les controverses sur la Constitution européenne en 2005, les clivages sur l'intervention au Kosovo, les interrogations autour de la mise en place de l'euro, les débats relatifs à la guerre ou encore les attitudes par rapport à la sortie de pays membres de l'Union européenne contribuent régulièrement à le faire resurgir. Une enquête réalisée en mai 2019 montre la force de ce clivage dans la structuration des attitudes politiques d'aujourd'hui[1].

Si les Français revotaient aux référendums de 1992 sur le traité de Maastricht et de 2015 sur le traité constitutionnel européen, la polarisation entre ceux qui se montrent favorables aux Gilets jaunes et ceux qui y sont hostiles apparaît très fortement : 64 % des personnes qui soutiennent les Gilets jaunes voteraient en faveur du « non » au traité de Maastricht et 67 % à l'accord sur le traité constitutionnel européen ; 36 % seulement des Français ne se sentant pas proches des Gilets jaunes et ne les soutenant pas feraient de même.

Cette déliaison du politique et des bases qui lui donnaient sens est également sensible dans la relative dilution des cultures politiques existantes. Celles-ci voient leur hétérogénéité interne se renforcer au fur et à mesure que s'atténuent les différences entre les grandes familles politiques et leurs oppositions binaires traditionnelles. L'univers de la droite est traversé d'une profonde fracture entre les références de la droite classique (LR) et celles de la droite extrême (Debout la France, Rassemblement national). La constellation de la gauche (France insoumise, Génération.s, Parti socialiste) est fragmentée en plusieurs cultures au sein desquelles le degré de libéralisme culturel ou la volonté de réforme des structures économiques varient profondément. Dans un entretien accordé au journal *Le Monde*, le

1. *Que feraient les Français s'ils pouvaient revoter aux référendums européens de 1992 et 2005 ?*, enquête Ifop pour le *Journal du dimanche*, 20-21 mai 2019.

leader socialiste espagnol José Luis Rodríguez Zapatero faisait clairement ressortir cette diversité des gauches en Europe : « Je crois que la gauche moderne doit être avant tout celle qui construit une nouvelle étape de la démocratie. Il faut démocratiser la société, la politique, la culture, l'éducation, la recherche, le pouvoir économique, la famille [...]. La démocratie est une tendance naturelle de la gauche, mais la gauche de la seconde moitié du XXe siècle a centré son projet sur l'économie et le secteur public étatique. Elle a oublié la société et le fonctionnement démocratique [...]. Il est plus efficace de faire des programmes de discrimination positive, par exemple pour avoir plus de femmes scientifiques, que d'augmenter les impôts ou d'établir les 35 heures[1]. » La culture de gauche est travaillée par le libéralisme et l'ouverture de l'économie aux grands vents de l'internationalisation, la culture de droite ne renie pas l'État et la protection sociale. Cette évolution des cultures politiques de gauche et de droite se traduit par un rapprochement des programmes économiques et sociaux des deux familles qui ne contribue pas à une grande lisibilité politique pour les citoyens.

## *Une perte des grands référents*

Autre facteur de renforcement de la crise de la démocratie représentative, l'archaïsme de certaines organisations et du discours politique dont elles sont porteuses. Les partis datent dans leur conception et leur mode d'organisation de la fin du XIXe et du début du

1. Entretien avec José Luis Rodriguez Zapatero, *Le Monde*, 29 juillet 2004.

XX^e siècle, période pendant laquelle les formes du « parti de cadres » et du « parti de masses » se sont structurées. Ces organisations de type bureaucratique ou clientélaire ont la plupart du temps fonctionné sur un mode autoritaire et vertical, et connaissent des difficultés récurrentes à faire vivre la démocratie en interne. Par ailleurs, les organisations politiques sont peu représentatives de la diversité sociale de la population. Elles ne comptent en leur sein que trop peu de femmes, de jeunes et de citoyens issus de couches populaires ; ne sont plus en phase avec la population ; représentent de moins en moins les Français dans toute leur diversité. Les organisations politiques traditionnelles ne correspondent pas aux attentes des citoyens, et tout particulièrement des jeunes générations. Ces dernières privilégient des associations peu hiérarchiques, participatives et ponctuelles (du type de mouvements comme France terre d'asile, SOS Racisme, AIDES, Act Up, Restos du cœur, Nuit debout, Extinction Rebellion…). Alors que les jeunes désertent les partis politiques, ils peuvent se retrouver nombreux dans des organisations plus souples et orientées vers des formes nouvelles de militantisme moral : organisations humanitaires, organisations de défense des minorités, mouvements altermondialistes, mouvements écologistes.

La crise économique et le processus de mondialisation ont aussi assez largement contribué à aggraver la crise de la représentation politique en réduisant les marges de manœuvre des pouvoirs politiques nationaux. Dans la représentation qu'en a la majorité des citoyens, la vie politique reste articulée autour d'une scène nationale pouvant apparaître, aux yeux de nombreux électeurs, comme un théâtre d'ombres. En mai 2019, lors de la campagne des élections européennes, la lutte contre le réchauffement climatique, le Brexit, la montée du national-populisme en Europe et la question de l'immigration ont été au cœur des débats. Aucun de ces enjeux n'appelait une réponse étroitement nationale. Cette inadaptation entre l'offre politique nationale et la demande, qui l'est beaucoup moins, alimente une crise de l'échelle nationale de la démocratie et la nécessaire prise en compte d'un échelon supranational.

La crise des grandes idéologies messianiques, et particulièrement du référent marxiste, sensible dès la fin des années 1970 et consacrée par l'effondrement du camp communiste à la fin des années 1980, a laissé une partie des électeurs orphelins de la gauche. Nombre d'électeurs affectés par la crise économique et sociale, et inquiets des conséquences de la mondialisation, ont fini par nourrir les rangs des abstentionnistes et des populismes protestataires. Le 26 mai 2019, 3 % et 11 % des ouvriers, 3 % et 7 % des chômeurs ont voté respectivement pour la liste du Parti communiste français et pour celle de La France insoumise ; 58 % des chômeurs se sont abstenus, et pour ceux qui ont voté 35 % ont opté pour la liste du Rassemblement national ; 54 % des électeurs appartenant aux catégories de la population pauvre se sont abstenus ; 37 % de ceux qui ont voté ont choisi la liste du parti de Marine Le Pen.

Enfin, la hausse du niveau culturel moyen de nos sociétés et l'élévation du degré d'exigence vis-à-vis du politique se sont traduits par ce que les politologues anglo-saxons appellent un phénomène de « mobilisation cognitive ». Ces citoyens mobilisés ne se retrouvent pas forcément dans les filières classiques de la démocratie représentative. Ce sont des citoyens plus critiques, exigeants, peu pacifiés par la fin des grands conflits idéologiques, et porteurs de nouvelles demandes de démocratie[1] : 31 % des citoyens disposant d'un diplôme du supérieur ont choisi la liste de La République en marche et 18 % se sont orientés vers la liste d'Europe Écologie Les Verts. En revanche, seulement 5 % et 11 % de ceux-ci ont opté pour les formations populistes de La France insoumise et du Rassemblement national.

## La réponse des élections européennes

Les élections européennes appartiennent au registre des élections intermédiaires qui reçoivent leur logique de fonctionnement de leur place dans un cycle électoral déterminé par les élections présidentielles. Les élections européennes de 2019 s'inscrivent à peu près à mi-chemin des scrutins présidentiels de 2017 et de 2022. Elles enregistrent en général une forte abstention, une démobilisation des électeurs de la majorité au pouvoir et un vote sanction favorable aux oppositions. En 2019, même si, par rapport aux élections européennes de 2014, l'abstention a sensiblement baissé, elle reste importante (49,9 %). Elle touche davantage les électeurs d'Emmanuel Macron (43 %) que ceux des oppositions de droite (électorats de François Fillon : 38 %, de Nicolas Dupont-Aignan : 40 % et de Marine

1. Pippa Norris, *Critical Citizens: Global Support for Democratic Government*, *op. cit.*

Le Pen : 40 %). Elle concerne aussi les oppositions de gauche : 53 % des électeurs de Jean-Luc Mélenchon se sont abstenus et 44 % de ceux de Benoît Hamon. Lorsqu'ils sont allés voter, les électeurs ont davantage exprimé un vote sanction qu'un vote de soutien au gouvernement et au président de la République. Si 48 % des électeurs interrogés déclarent que leur vote ne tient pas compte de leur opinion sur l'action du président de la République et du gouvernement, ils sont 38 % à déclarer avoir voulu la sanctionner. Seuls 14 % reconnaissent exprimer leur soutien. Le vote sanction atteint des niveaux très élevés chez les électeurs de La France insoumise (59 %) et chez ceux de la liste du Rassemblement national (71 %). Chez les électeurs qui se sentent Gilet jaune, le vote sanction est également très marqué (65 %). Si l'on ajoute la protestation abstentionniste à la protestation des urnes, c'est une majorité absolue de Français qui a choisi la voie protestataire. En cela, les élections européennes ne viennent pas clore le courant protestataire qui s'est exprimé depuis novembre 2018 dans les rues et sur les ronds-points. Le président de la République est le premier à le reconnaître lorsque, le 28 juillet, il déclare, on l'a vu plus haut : « Je ne crois pas du tout que ce qui a un moment créé la colère sincère d'une partie de la population soit derrière nous. » Les élections européennes qui ont vu le Rassemblement national arriver en tête montrent que la protestation sociale a su trouver un exutoire dans la protestation politique, et que ces élections ne marquent pas la fin du cycle ouvert à l'automne 2018.

## *La dispersion de l'offre électorale*

L'un des signes prémonitoires de cette vague protestataire a été le niveau record de listes enregistrées : 34 listes dans le cadre d'un mode de scrutin proportionnel dans une unique circonscription nationale. Avec le même mode de scrutin, de 1979 à 1999, jamais la barre des 20 listes n'avait été dépassée. Cet émiettement de l'offre traduit l'extraordinaire remue-ménage que l'élection présidentielle de 2017 a mis en place avec la victoire d'Emmanuel Macron, la santé des oppositions radicales (Marine Le Pen et Jean-Luc Mélenchon) et l'échec des candidats des grandes forces de gouvernement (François Fillon et Benoît Hamon). Ce remue-ménage a été renforcé par l'enjeu européen qui divise et recompose les familles politiques à gauche et à droite. La profusion de listes a vu éclore des préoccupations aussi diverses que la jeunesse (liste Allons Enfants), la cause des femmes (liste À voix égales), la défense de l'esperanto (liste Europe Démocratie Espéranto), la représentation des professions indépendantes (liste Les Oubliés de l'Europe), la défense des droits et libertés sur Internet (liste le Parti pirate), la décroissance (liste Décroissance 2019) ou encore la cause animale (liste le Parti animaliste).

Ces enjeux spécifiques, et pour certains nouveaux, témoignent de la difficulté des « grandes » listes à prendre en charge et à intégrer des préoccupations loin d'être marginales. En cela, il y a bien une crise de la représentation politique qui touche les partis institutionnels n'arrivant pas à représenter les diversités de la société française et à intégrer celles-ci dans des offres politiques larges et englobantes. Cette crise de la fonction d'intégration et de hiérarchisation des demandes politiques, traditionnellement endossée par les partis politiques de gouvernement, favorise les forces protestataires et hors système qui répondent mieux à la demande de prise en compte d'enjeux circonstanciés et circonscrits. La prolifération en mai 2019 de mouvements à enjeu unique (*one-issue oriented movement*) est la manifestation la plus « manifeste » de cette crise. Les relatifs succès de la liste du Parti animaliste (2,2 % des suffrages) et de la liste Ensemble pour le Frexit (1,2 %) sont de ce point de vue annonciateurs d'une amplification de l'éclatement du spectre partisan traditionnel, et peut-être des recompositions qui se dessinent.

### *Les forces protestataires aux portes du pouvoir ?*

Avant les élections européennes, Emmanuel Macron s'est investi pleinement dans la campagne. Jamais un président de la République ne s'était autant impliqué personnellement dans des élections européennes. Au point d'apparaître seul sur une affiche de LaREM « En Marche pour l'Europe ! Le 26 mai, je vote Renaissance » et de figurer dans la profession de foi envoyée par sa tête de liste à tous les électeurs inscrits sur les listes électorales. Emmanuel Macron appelle également à la fois à la mobilisation et à la nécessité d'imposer la liste de LaREM en tête de la compétition électorale. Interrogé par la presse régionale le 20 mai, le président de la République précise : « On a passé des mois à dire qu'il fallait redonner de la vigueur à la démocratie et l'on considérerait qu'il n'est pas important d'aller voter. » À la question : « Si la liste Renaissance arrive derrière le RN ? », il répond : « Je ne me place pas dans une telle figure. Nous nous sommes assoupis comme si l'on n'avait pas réalisé qu'il y a cinq ans le parti qui avait remporté les élections européennes c'était le Front national. Je n'ai pas l'esprit de défaite. J'ai l'esprit de conquête. La France sera d'autant plus forte que nous ferons un bon score. »

Le 26 mai, les électeurs ne l'ont pas entendu de cette oreille et ont, certes de peu, mais c'est emblématique, placé la liste du Rassemblement national en tête avec 23,3 % des suffrages exprimés contre 22,4 % à la liste Renaissance soutenue par La République en marche, le MoDem et ses partenaires. Plus de 200 000 voix séparent les deux listes. L'avance n'est pas humiliante pour la liste soutenue ardemment par le président de la République, mais son souhait de victoire qui aurait marqué une ferme reprise en main électorale de la majorité au pouvoir a été démenti. Le duo du second tour de l'élection présidentielle de 2017 se répète, mais cette fois-ci dans un ordre d'arrivée inversé. Le succès de la liste du Rassemblement national, emmenée par un jeune leader jusqu'alors inconnu de 23 ans, s'explique par la solide fidélisation de son électorat par le Rassemblement national. S'y ajoutent une indéniable capacité à s'être transformé en chambre d'écho électoral du mouvement des Gilets jaunes, mais aussi l'attraction non négligeable d'électeurs de la droite classique ayant choisi en 2017 François Fillon ou Nicolas Dupont-Aignan. L'électorat de Marine Le Pen est l'un de ceux qui se sont le plus mobilisés le 26 mai (60 % contre une moyenne de 51 %). De très loin, la liste menée par Jordan Bardella s'est imposée chez les Gilets jaunes et leurs sympathisants : 43 % d'entre eux ont voté pour la liste du Rassemblement national, soit 31 % de plus que pour la liste de La France insoumise. Les efforts faits par Jordan Bardella et Marine Le Pen pour canaliser la protestation populaire ont été récompensés : « Cette éruption du peuple dans le débat public fait peur à certains, pas à nous ! Le peuple veut à nouveau pouvoir décider de son avenir » (Jordan Bardella, 13 janvier 2019), « Ne vous dispersez pas ! Allez voter [...] pour la seule liste capable d'arriver en tête : celle que je conduis, celle qui est soutenue par Marine Le Pen, celle qui est au coude à coude avec LaREM [...]. Au-delà d'un acte 26 le week-end prochain, j'en appelle à un acte du 26 mai » (Jordan Bardella, 5 mai). La subtile balance entre un soutien ferme à la protestation du « peuple en jaune » et une dénonciation régulière des violences considérées comme étant l'apanage des seules forces de l'extrême gauche a permis à la jeune tête de liste de s'ériger en exutoire d'une protestation délestée des scories des débordements incriminés. Cette stratégie a permis de renforcer le processus de nationalisation de l'influence du Rassemblement national. Des européennes de 2014 à 2019, si le Rassemblement national perd des électeurs dans certains de ses bastions populaires du Nord et du Sud-Est, il en gagne sur la façade atlantique et dans la diagonale aride qui va des Pyrénées aux Ardennes.

### *Le déclin d'une contestation populiste*

Comparés à cette dynamique électorale favorable, Jean-Luc Mélenchon et la liste de La France insoumise emmenée par Manon Aubry ont connu un sévère échec : 6,3 % des suffrages exprimés, c'est-à-dire le même niveau qu'aux élections européennes de 2014, mais très en deçà du score de Jean-Luc Mélenchon à l'élection présidentielle de 2017 (19,6 %). Ainsi, en dépit des multiples signes de soutien envoyés aux Gilets jaunes, les suffrages accordés par ceux-ci à la liste de La France insoumise a été modeste : 12 % seulement du vote des Français se sentant « Gilets jaunes ». Même parmi les Insoumis, la liste dirigée par Manon Aubry n'a pas été attractive : 37 % seulement des électeurs qui avaient voté en faveur de Jean-Luc Mélenchon en 2017 ont choisi la liste de La France insoumise aux européennes de 2019. La concurrence de la liste communiste et de la liste verte a été sévère : 13 % des électeurs mélenchonistes de 2017 ont choisi la liste communiste, 17 % la liste d'Europe Écologie Les Verts. La liste de La France insoumise proposait pourtant nombre de mesures qui auraient pu rencontrer le soutien des Gilets jaunes : un droit de révocation des députés européens par référendum, la mise en place d'une motion de censure citoyenne pour renverser la Commission européenne, la création d'un droit à la désobéissance aux règles européennes, le refus de tout nouvel accord de libre-échange européen ou encore la taxation des transactions financières. Mais, en 2019, le vote insoumis n'était plus le vote utile qu'il était en 2017. La logique proportionnaliste du scrutin européen a fait que les électeurs communistes ont rejoint la liste dirigée par le communiste Ian Brossat, les électeurs socialistes sont repartis vers leurs origines (listes du PS et de Place publique, liste Génération.s), les électeurs écologistes ont rallié la liste d'Europe Écologie Les Verts, et nombre d'électeurs protestataires se sont abstenus (l'électorat de Jean-Luc Mélenchon a été le plus touché par l'abstentionnisme). D'autre part, la coupure entre le peuple et l'oligarchie, si elle désigne clairement un adversaire, ne permet pas de mobiliser un électorat de gauche à la recherche d'un projet émancipateur. Sur ce terrain de la lutte contre le « système », Marine Le Pen et le Rassemblement national ont surpassé La France insoumise. Enfin, le comportement autoritaire et colérique de Jean-Luc Mélenchon a pu éloigner des électeurs qui, au contraire, avaient été séduits par le côté rassembleur du candidat en 2017. C'est ainsi que La France insoumise est passée à côté de la « révolution citoyenne » qu'incarnait à ses yeux le mouvement des Gilets jaunes. La stratégie du populisme de gauche, chère à la philosophe Chantal Mouffe, de conquête de l'électorat populaire de la droite nationaliste a échoué : 11 % de l'électorat ouvrier a voté pour la liste dirigée par Manon Aubry, 47 % pour la liste conduite par Jordan Bardella, 7 % des chômeurs ont voté pour la première, 35 % pour la seconde.

### *La concurrence des populismes*

La France insoumise, qui avait réussi la prouesse d'incarner le mieux l'opposition à Emmanuel Macron, et cela de manière constante depuis mai 2017, a perdu cette place depuis janvier 2019 au profit du Rassemblement national. En juin 2019, selon un sondage Ifop-Fiducial pour *Paris Match* et Sud Radio, 51 % des Français interrogés considèrent que le Rassemblement national « incarne le mieux l'opposition à Macron », ils ne sont que 21 % à penser de même pour Jean-Luc Mélenchon. En France comme ailleurs, les populismes de droite se portent beaucoup mieux que les populismes de gauche (Podemos en Espagne, Syriza en Grèce).

Sur les thématiques de l'immigration et de la sécurité, qui jouent un rôle éminent dans les populismes de droite, les populismes de gauche ne sont pas à l'aise et les odes à la « société bigarrée », au « métissage » ou encore au « codéveloppement » ne convainquent pas les couches populaires à la recherche d'un exutoire à leur colère. La gauche radicale a échoué dans sa volonté de représenter politiquement la protestation sociale exprimée dans le mouvement des Gilets jaunes. La démocratie directe n'a pas trouvé d'écho dans son offre de représentation. En revanche, elle a su trouver un débouché politique dans la représentation plébéienne du Rassemblement national. Pourquoi ? Le mouvement des Gilets jaunes a marqué le retour de la question sociale sur le devant de la scène politique. Le parti de Marine Le Pen, qui depuis plusieurs décennies est devenu le premier parti ouvrier de France, a capté naturellement cette protestation sociale.

Les listes de gauche, qui jadis représentaient la classe ouvrière et ses alliés des petites classes moyennes, sont aujourd'hui davantage tournées vers la défense des intérêts et des valeurs des classes moyennes bien dotées en capital culturel. Elles ont ainsi connu un embourgeoisement prononcé de leur électorat. Le 26 mai, la liste de La France insoumise a attiré seulement 11 % d'ouvriers, celle du PS-Place publique 4 %, celle d'Europe Écologie les Verts 7 %, alors que la liste du Rassemblement national en captait 47 %. En revanche, cette dernière liste n'a attiré que 11 % des cadres supérieurs et professions libérales. Parmi ces derniers, 30 % ont choisi la liste de LaREM et 20 % celle d'EELV, tandis que 13 % se sont orientés vers les listes socialiste et Génération.s. La gauche n'a plus la capacité d'exprimer sur la scène politique et électorale la fracture sociale qui traverse l'électorat, et au-delà la société française.

### *Protestation des Gilets jaunes et protestation électorale*

Un point commun semble réunir les deux versions de gauche et de droite du populisme, c'est leur commun mépris pour la démocratie participative. La tête de liste du Rassemblement national, Jordan Bardella, n'a pas fait preuve d'une grande estime pour l'exercice de démocratie participative à grande échelle que représentait celui-ci : « C'est du vent pour gagner du temps » (Jordan Bardella, *Le Figaro*, 14 janvier). Quant au patron de La France insoumise, il avait lui aussi vilipendé cet épisode participatif en identifiant le grand débat à une « mascarade » et à une « supercherie » : « Ce n'est pas un grand bavardage dont on a besoin, d'un grand blabla, c'est de la possibilité de pouvoir décider [...], ça se tranche dans une élection » (Jean-Luc Mélenchon, 16 janvier). Mais il faut croire que son appel n'a pas été entendu.

Cet étage participatif de la démocratie a été largement négligé par deux familles politiques où le culte de la relation directe entre le chef et le peuple est fort. La culture populiste réticente à toute forme de démocratie intermédiaire entre la démocratie directe (qu'elle soit manifestante ou référendaire) et l'élection articulée autour de la figure d'un chef charismatique censé être la « voix du peuple » est un trait commun de ces deux forces contestataires du système conventionnel. Pour celles-ci, la difficulté à articuler les trois instances du jeu démocratique que sont la démocratie directe, la démocratie participative et la démocratie représentative est évidente. Mais le parti de Marine Le Pen, plus avancé dans sa stratégie et implanté de plus longue date, a mieux réussi. Quant aux Gilets jaunes, leur demande de démocratie directe exprimée au travers de la répétition hebdomadaire des actes manifestants ou leur appel à l'instauration de référendums d'initiative citoyenne, n'ont trouvé de débouché ni dans l'univers de la démocratie participative proposée par le grand débat national ni vraiment non plus dans celui de la démocratie représentative offert par les élections européennes.

La fragmentation que l'on observe au cœur même du système démocratique est révélatrice de la tension entre deux conceptions du politique. L'une, la politique partisane, est articulée sur la compétition électorale entre professionnels du monde politique pour accéder au pouvoir ; elle est partagée par nombre d'électeurs qui votent pour les partis institutionnels. L'autre, en particulier depuis que le RIC est devenu le cheval de bataille des Gilets jaunes, mise sur une vision de la politique que l'on peut qualifier de « citoyenniste ». Dans un moment où le clivage entre la gauche et la droite s'est érodé, où la politique partisane est particulièrement émoussée et où le personnel politique fait l'objet d'une profonde défiance, il y a place pour la dimension citoyenniste de la démocratie directe censée renouveler et refonder à elle seule l'édifice démocratique[1].

Le rejet par un peuple unanime des élites minoritaires et perverties minimise nécessairement le caractère pluraliste et conflictuel de la politique, davantage à l'œuvre sur le terrain de la démocratie représentative. Cette dernière est rejetée car, d'une certaine façon, elle reconnaît la division du peuple et cherche à la faire exister. Au fond, le mouvement des Gilets jaunes exprime la volonté d'un pouvoir constituant un nouvel ordre politique, mais, n'y parvenant pas, il se focalise sur la possibilité d'un pouvoir destituant[2]. L'insistance avec laquelle le mouvement n'a eu de cesse de réclamer la destitution du président de la République, au-delà du fait qu'elle dénie l'existence même d'une représentation politique durable, met en cause toute possibilité d'un pouvoir légitime.

Cette quasi-impossibilité d'articuler l'attachement à la démocratie directe et la légitimité de la démocratie représentative est l'un des révélateurs de cette

1. Le citoyennisme « repose sur la revendication d'une déprofessionnalisation de la politique, au profit d'une participation directe des citoyens, visant à faire régner l'opinion authentique du peuple, sans médiation ». Cf. Samuel Hayat, « Les Gilets jaunes et la question démocratique », *Lundi matin*, 29 décembre 2018, https://lundi.am/Les-Gilets-jaunes-et-la-question-democratique-Samuel-Hayat/

2. Raffaele Alberto Ventura, « La destitution permanente », *Esprit*, décembre 2018.

démocratie de plus en plus fragmentée et clivée dans ses principes mêmes comme dans ses régimes de fonctionnement qui s'imposent en France et ailleurs. Les difficultés puis l'échec électoral de Syriza en Grèce, l'érosion de Podemos en Espagne, le déclin subit du Mouvement 5 étoiles en Italie sont autant de manifestations de la difficulté des organisations arrimées à la démocratie directe à entrer de manière durable dans l'univers de la représentation politique. La démocratie participative, quant à elle, peut être une ressource pour suppléer aux faiblesses de la démocratie représentative, mais à condition de bien penser son articulation à cette dernière. En effet, elle peut en être le prolongement, mais aussi un moyen efficace pour nourrir et orienter en amont l'action politique.

Cette articulation est plus problématique pour la démocratie directe, ne serait-ce que parce que celle-ci, dans un contexte de politisation négative et de défiance institutionnelle, fonctionne surtout comme un porte-voix du mécontentement des citoyens et comme un outil de protestation. Elle peut dynamiser la démocratie représentative, mais plus difficilement l'intégrer. Les résultats des élections européennes de 2019 montrent en tout cas que le passage des voies de la protestation et de la colère à la représentation politique ne se fait pas sans écueils ni sans danger pour la démocratie elle-même.

# Conclusion

Le grand défi des années qui viennent est l'articulation des trois démocraties qui se sont exprimées avec vigueur en 2019 : la démocratie directe et immédiate de la manifestation, la démocratie participative et délibérative du grand débat, et la démocratie représentative des élections européennes. Pour l'instant, ces trois démocraties divergent quant au contenu politique dont elles sont porteuses. C'est le grand écart. Ce n'est pas la première fois sous la V^e^ République que les trois registres connaissent un tel décalage. En 1968, la démocratie manifestante était sur une ligne révolutionnaire que la démocratie représentative remettait très rapidement à sa place lors des élections législatives de juin 1968. En décembre 1995, le mouvement social contre la réforme Juppé était en contradiction avec le vote tel qu'il s'était exprimé quelques mois plus tôt en faveur de Jacques Chirac. Et la défaite de la droite aux élections législatives de 1997 fut un signe de la capacité de la démocratie directe manifestante à ébranler la démocratie représentative.

En 2019, contrairement à ce qui s'était passé lors des crises sociales et politiques précédentes, la démocratie participative et délibérative du grand débat national a été convoquée. Le pouvoir issu de la démocratie représentative, à l'origine de cette initiative, a ainsi cherché à récupérer une certaine légitimité dont la démocratie directe manifestante l'avait privé. Le grand écart a pu ainsi se resserrer. Et, d'une certaine manière, la démocratie participative a rétabli un pont entre la démocratie directe et la démocratie représentative en permettant de prendre la mesure des préoccupations exprimées directement et librement par les Français, et en éclairant l'action des représentants politiques. Cette « démocratie d'interaction », pour reprendre la terminologie de Pierre Rosanvallon, permet même de façon partielle et imparfaite de recomposer le patchwork de la fabrique démocratique, de continuer à en faire exister le projet[1]. D'une certaine façon, d'atténuer les effets de la fragmentation des modes d'expression politique.

La séquence de l'année 2018-2019 rappelle aussi la profondeur des fractures sociales et territoriales de cet archipel français scruté dans tous ses aspects par Jérôme Fourquet[2]. En quelques décennies, tout a changé. La France, à l'heure des Gilets jaunes, n'a plus rien à voir avec cette nation politique qui affichait avec fierté sa division droite/gauche bicentenaire et l'attachement de tous aux valeurs républicaines. La France d'aujourd'hui s'est métamorphosée en profondeur. Et lorsque l'analyste s'essaie à en dessiner les contours nouveaux, à rendre compte de la dynamique de ces métamorphoses,

1. Pierre Rosanvallon, *La Légitimité démocratique. Impartialité, réflexivité, proximité*, Le Seuil, 2008.
2. Jérôme Fourquet, *L'Archipel français*, Le Seuil, 2019.

c'est un archipel d'îles s'ignorant les unes les autres qui prend forme.

Jérôme Fourquet constate que le socle de la France d'autrefois, à savoir sa matrice catholique, s'est disloqué. Il en envisage les conséquences culturelles et morales, et remarque notamment que notre relation au corps a changé (le développement de pratiques comme le tatouage et l'incinération en témoigne), ainsi que le rapport entre l'homme et l'animal, au travers du développement du veganisme et des théories antispécistes. Toute une série de transformations majeures ont conduit à cette « archipelisation » de la société : sécession des élites, autonomisation des catégories populaires, instauration d'une société multiculturelle, dislocation des références culturelles communes. La crise de notre système politique doit aussi être comprise à l'aune de ce bouleversement anthropologique. L'agrégation des intérêts particuliers au sein de coalitions larges est devenue quasiment impossible. En témoigne, bien sûr, l'élection présidentielle de 2017, et l'extraordinaire éclatement de la gauche et de la droite qui l'a marquée et qui n'a cessé de s'approfondir depuis.

Les prochaines échéances électorales, notamment les élections municipales, régionales et départementales qui interviendront avant l'élection majeure que sera la présidentielle de 2022, seront un révélateur de la façon dont s'articuleront cette fragmentation démocratique que j'ai décrite tout au long de cet ouvrage et les divisions qui mettent à mal la cohésion nationale et la confiance sociétale. La question du territoire y sera centrale, ainsi que l'action publique au niveau local et l'implication possible des citoyens dans celle-ci. Pour que la recomposition politique réussisse, il faudrait que, contrairement à la disruption politique de 2017 intervenue par le haut, une autre recomposition puisse s'exprimer par le bas et participer activement à une reconfiguration des pouvoirs publics de plus en plus nécessaire. Une véritable décentralisation changerait la donne. C'est une sorte de serpent de mer de l'histoire politique française. Mais il faudrait que l'État central attribue, bien plus que cela n'est le cas aujourd'hui, des pouvoirs et surtout des moyens aux différentes collectivités territoriales. Cela aurait aussi pour vertu de contrecarrer la trop forte présidentialisation de la vie politique française dont on sait tous les effets délétères, notamment la personnalisation du pouvoir, l'hystérisation du débat, l'absence de contrepoids démocratique au niveau des territoires comme du Parlement.

Dans cette même perspective, et afin que les trois registres de la démocratie trouvent une meilleure façon de s'articuler, l'injection d'une dose de proportionnelle dans les modes de scrutin actuels ne seraient sans doute pas une mauvaise chose. Et cela n'exclut pas l'usage facilité du recours aux référendums d'initiative populaire. Enfin, l'insertion dans les institutions politiques d'instances de délibération citoyenne est plus que souhaitable. Du reste, l'ensemble de ces voies de réforme sont bien à l'ordre du jour de l'agenda d'Emmanuel Macron et du gouvernement. Cela va plutôt dans le bon sens. Mais ces réformes seront-elles audibles, iront-elles assez loin et suffiront-elles à apaiser les Français qui, de façon inébranlable, continuent de penser que la démocratie fonctionne mal dans notre pays ?

Si la démocratie ne parvient pas à se démocratiser, le risque est alors grand de voir d'autres alternatives politiques s'imposer. D'autant plus que la polarisation croissante de la société, dont le mouvement des Gilets jaunes n'est qu'un symptôme, peut détruire les principes démocratiques. Comme l'écrivent Steven Levitsky et Daniel Ziblatt : « Quand la société se divise si profondément que [les forces politiques] s'arc-boutent sur des visions incompatibles du monde, en particulier lorsque leurs adhérents sont socialement divisés au point de n'avoir plus que très peu de contacts, les rivalités partisanes finissent parfois par être perçues comme des menaces mutuelles. À mesure que la tolérance disparaît, les partis sont de plus en plus tentés d'abandonner toute retenue afin de gagner la bataille à n'importe quel prix. Ce phénomène est susceptible de susciter l'avènement de mouvements antisystème remettant en cause l'ensemble des règles du jeu démocratique. Lorsque cela se produit, la démocratie est en danger[1]. »

Si les élections nationales présidentielle et législatives de 2022 s'approchent de cette quadrature du cercle, si, surtout, elles arrivent à ramener la confiance des Français en leur capacité, depuis le bas, à intervenir dans la décision politique autrement que par la contestation et l'obstruction, et si bien sûr les instances de pouvoir leur laissent une place pour s'exprimer et pour décider, alors une voie de réconciliation et de réparation de la fragmentation démocratique est possible. Faudrait-il pour cela un grand débat national permanent ? Sans

1. Steven Levitsky, Daniel Ziblatt, *La Mort des démocraties*, Calmann-Lévy, 2019.

doute pas. Mais, à coup sûr, si les Français étaient davantage impliqués dans les prises de décision, cela serait un grand pas.

La crise politique qui s'est exprimée dans cette séquence de forte contestation du pouvoir au niveau national a pu donner l'impression d'une montée à l'assaut du pouvoir central et parisien par les périphéries locales et régionales. Si bien des problématiques portées au jour par les Gilets jaunes comme par les participants au grand débat national concernaient les moyens et les services publics disponibles sur les territoires, ce n'étaient presque jamais les pouvoirs locaux qui étaient dénoncés, mais bien les instances de pouvoir au niveau national. Il faut qu'à l'avenir les demandes des citoyens puissent s'exprimer davantage en direction des administrations locales et territoriales. Et que celles-ci aient davantage le pouvoir et les moyens d'y répondre. À ce prix, une réconciliation démocratique peut opérer et la confiance du peuple revenir.

L'avenir de la démocratie en France est d'arriver à sortir de l'exclusivité d'une démocratie présidentielle prétendant avoir réponse à tout et à qui le peuple confère le fait d'avoir réponse à tout. À terme, cela suppose une réduction des pouvoirs d'un président omniprésent et omnipotent, et que l'on accepte que l'institution présidentielle ne soit qu'une institution démocratique parmi d'autres. Cela nécessite aussi que l'on réhabilite le pluralisme démocratique, c'est-à-dire le pluralisme des usages démocratiques – représentatif, direct, délibératif. Dans nos sociétés postmodernes, la démocratie représentative demeure essentielle pour les citoyens, mais elle doit dorénavant composer avec d'autres demandes, avec des usages plus diversifiés, plus expressifs et plus directs. C'est à ce prix que le projet démocratique restera crédible, vivant et par là même porteur d'espérance. Et cela doit être non seulement entendu, mais aussi et surtout intégré par les tenants de la représentation politique, à tous les échelons du pouvoir.

# Table

MIXTE
Papier issu de
sources responsables
FSC® C003309
FSC
www.fsc.org

L'Éditeur de cet ouvrage s'engage
pour la préservation de l'environnement
et utilise du papier issu de forêts gérées
de manière responsable.

Imprimé en France par CPI
en novembre 2019

N° d'impression : 3036393